国家社会科学基金一般项目（15BTY004）
"合作共赢视域下中国体育对外援助运行机制研究"

俞大伟·著

HEZUO GONGYING SHIYU XIA
ZHONGGUO TIYU DUIWAI YUANZHU
YUNXING JIZHI YANJIU

合作共赢视域下
中国体育对外援助运行机制研究

ZHEJIANG UNIVERSITY PRESS
浙江大学出版社

图书在版编目（CIP）数据

合作共赢视域下中国体育对外援助运行机制研究 /
俞大伟著. —杭州：浙江大学出版社，2021.4
ISBN 978-7-308-20761-4

Ⅰ. ①合… Ⅱ. ①俞… Ⅲ. ①体育—对外援助—研究
—中国 Ⅳ. ①G812

中国版本图书馆CIP数据核字（2020）第218623号

合作共赢视域下中国体育对外援助运行机制研究

俞大伟　著

策划编辑	吴伟伟
责任编辑	陈　翩　　吴伟伟
责任校对	丁沛岚　　袁朝阳
封面设计	雷建军
出版发行	浙江大学出版社
	（杭州市天目山路148号　邮政编码310007）
	（网址：http://www.zjupress.com）
排　　版	杭州朝曦图文设计有限公司
印　　刷	广东虎彩云印刷有限公司绍兴分公司
开　　本	710mm×1000mm　1/16
印　　张	10.5
字　　数	200千
版 印 次	2021年4月第1版　2021年4月第1次印刷
书　　号	ISBN 978-7-308-20761-4
定　　价	52.00元

前 言 PREFACE

··· ·

　　本书在合作共赢的新型国际关系视域下，遵循"援助—受援"的平等互利原则，从讲述助人为乐中国故事的理念出发，对中国体育对外援助的运行机制进行研究，旨在加快推动体育强国建设，为特色大国外交呈现绚丽多彩的绿色名片，促进中国和平发展与受援国体育进步，构建人类命运共同体的友谊之桥。在研究过程中得出以下结论：

　　第一，中国体育对外援助运行机制架构起成熟的体系。在履历中前行、在考验中成长、在发展中完善，相关管理部门与政策法规的适时调整，无偿与合作的援外方式因时因势切换，多元与灵活的援外实践日益丰富多彩，中国体育对外援助逐渐搭建起较为成熟的运行机制。

　　第二，中国体育对外援助运行机制贡献突出。重义轻利的大局观得到了国际社会的认同，仁者爱人的大理念促进了中华文化的传播，和平共处的大外交推动了中外民众的互动，为中华民族的大一统提供了稳定推进的保障，为人类社会的大发展做出了无法替代的贡献。

　　第三，中国体育对外援助运行机制形成了网络化态势。宏观层级侧重于调节与控制，中观层级主要是执行与管理，微观层级具体为操作与实践，各个层级自成系统且担负不同的任务。层级内部进行着横向的沟通和联络，层级之间进行着纵向的协调与传导，形成了相对独立又协作运行的交织网络。

　　第四，中国体育对外援助运行机制已展现出独有特色。要把握大国特色、紧握中国特色、掌握体育特色，遵循市场经济的运行规律与对外援助原则，坚持发扬多年积淀的核心运行优势，积极搭建中外文化沟通的友谊之桥，贡献国际体育对外援助治理的新理念，努力开创中国特色大国外交的新局面。

　　第五，中国体育对外援助运行机制能达成多领域共赢。政治、经济、文化等领域之间是相互关联且密不可分的：政治是核心利益，经济是基础保障，文化是动力源泉，形成了结伴而行且互为助力的共赢局面。而在文化领域，体育无疑是一张绿色名片。在中华民族文化精髓与优良传统的驱动下，中国政府坚定秉承平等互利的对外援助原则，全面落实国家大政方针，有效推动援助双方在多领域实现共赢。

第六，中国体育对外援助运行机制应实现结构的优化。中国体育对外援助运行层级分明，但整体结构呈倒三角形，政府参与过多，非政府主体参与相对有限，应有序推动这一结构转变为正三角形，向"小政府、大社会"的简政放权目标迈进。

目 录 CONTENTS

1 研究的缘起与意义

1.1 研究缘起

对外援助是冷战时期的产物,发端于美国对西欧进行经济援助的马歇尔计划[1],目标是协助受战争重创的国家进行重建,遏制共产主义思想在欧洲乃至世界的发展。随着冷战的推进,对外援助逐渐成为各国争取盟友的重要外交工具,以巩固各自阵营实力和整体影响力,争取政治与军事对峙中的主动权。中国共产党带领全国各族人民,取得了国际战场与国内战争的伟大胜利,建立了由人民当家做主的社会主义共和国。新生人民政权代表着广大劳动者的根本利益,在全面投入国内经济建设恢复之时,也深切关注着国际冷战格局的动态变化。在国际主义担当和共产主义使命指引下,中国政府将优秀民族传统文化发扬光大,坚定开启了有别于西方国家的体育对外援助,希望推动世界各民族国家的和平与发展。一直以来,中国政府都主动积极地承担国际责任,成为推动世界进步的中坚力量。"抗美援朝"家喻户晓,改善了东北亚地区人民的安全环境,产生了具有深远意义的作用及影响[2];无偿对越南、蒙古、阿尔巴尼亚等社会主义国家的经济援助,促进了受援国的经济恢复和持续发展,巩固与壮大了社会主义阵营的力量;人道主义援助如雪中送炭,帮助受到自然灾害影响的地区渡过了难关,加快了人民重建家园的进程;对发展中国家的体育对外援助,改善了体育基础设施的公共服务能力,完善了体育后备人才的梯队建设布局,促进了民众体育健康和竞赛成绩的提高。

本书之研究缘起于以下四个方面。

---

① 陆宏谋:《阿瑟·范登堡与马歇尔计划的形成》,《近现代国际关系史研究》2018年第2期。
② 习伟:《抗美援朝战争的历史意义和当代价值——纪念抗美援朝战争胜利六十周年》,《前线》2013年第8期。

1.1.1 中国政府高度重视体育对外援助

2011年4月,国务院新闻办公室公开发布了《中国的对外援助(2011)》白皮书①,对中华人民共和国成立以来的对外援助政策、对外援助资金、对外援助方式、对外援助分布、对外援助管理和援外国际合作等六个方面进行了详细介绍,全面客观地阐述了中国对外援助的基本情况。中国政府公开发布对外援助白皮书,希望国际社会能更好地了解和掌握此项工作,表明了中国主动承担国际责任的态度和决心。在体育对外援助领域,对技术合作、援外志愿者形式中的体育训练有所提及,对公共设施中的体育援外设施有所涉及。其中,为发展中国家援建的体育场馆设施,成为当地政治文化活动中心和城市标志性建筑,为改善贫困地区的体育锻炼条件做出了积极贡献。2014年7月,《中国的对外援助(2014)》②发布,该书对2010—2012年的对外援助工作从五个方面进行了具体介绍和深入总结。在体育对外援助领域,重点阐述了中国援建的大型体育项目,推动了受援国改善民生体育基础设施,丰富了当地民众的体育文化生活;承办了区域性及洲际性的大型体育赛事,提升了所在城市的形象与地区影响力。可见,独具体育特色的对外援助十分重要,是能取得丰硕成果且不可替代的外交形式,也是蕴含丰富文化且大有作为的实践。

1.1.2 党的十八大强调合作共赢精神的重要性

2012年11月8日至14日,中国共产党第十八次全国代表大会召开,这次会议是中国进入全面建成小康社会决定性阶段的重要会议。大会报告主张:"在国际关系中,要弘扬平等互信、包容互鉴、合作共赢的精神,共同维护国际公平正义。"合作共赢,是从人类共同命运的宏观视角出发,在追求自身目标实现的同时,也要顾及他人合理利益的全面达成,在促进本国的前行进步中,还应推动他国权益的有效提升,休戚与共、同谋发展,携手构建共同繁荣的新时代全球伙伴关系。合作共赢是新型国际关系的核心,是中国体育对外援助的精神指引,可激发中国体育对外援助的运行活力。③合作是方式,共赢是目标,合作共赢就是在遵循平等互利的原则下,以合作促进体育对外援助的有效落实,调动国外民众宣传助人为乐的中国故事,实

---

① 国务院新闻办公室:《中国的对外援助(2011)》,北京:人民出版社,2011年。
② 国务院新闻办公室:《中国的对外援助(2014)》,北京:人民出版社,2014年。
③ 高鹏:《构建以合作共赢为核心的新型国际关系》,《中国社会科学报》2018年4月12日。

现援助双方互利共赢的美好理想。党的十八大报告已经指明,中国与发达国家、发展中国家的双边交流,以及与国际或区域组织之间的多边交流,都要不断深化。在未来发展中,中国将与战略伙伴保持紧密联系,持续加强政府间的沟通、磋商与引导,日益深入推进非政府间的友好往来,有效扩大跨国家、跨地区的多元合作,推动中国体育对外援助与世界结伴而行,达成援助双方或多方共赢的理想目标。

1.1.3 中国追求国际合作的意愿日益强烈

世界的发展日新月异,社会的进步内外依托,人类的命运紧密相连。任何一个国家或民族的生存与发展,都离不开内部环境滋养与外部环境支持,世界与国家、人类与社会处于共同的整体之中,局部问题与全球性难题均受到国际民众的关注。丰富的历史经验与鲜活的现实事例已经表明,仅仅依靠某个超级大国的力量是不可靠的,只有通过国际合作,区域性、跨国性、洲际性以及世界性弊端才能得到有效消除。值得注意的是,在《中国的对外援助(2011)》中,"无偿"一词只出现8次,而"合作"一词出现了68次;在《中国的对外援助(2014)》中,"无偿"一词只出现7次,"合作"一词则高达94次。"援助合作""援外国际合作""援外合资合作""技术合作""人力资源开发合作"等表述大量涌现,充分体现出中国政府追求国际合作的强烈愿望。2015年9月26日,国家主席习近平总书记在联合国发展峰会上向世界递出了"谋共同永续发展 做合作共赢伙伴"[1]的橄榄枝,宣布设立"南南合作援助基金",提高贫穷落后地区民众的生活质量。这是中国政府基于改革开放的深化与创新,呈现出的勇于承担国际责任的豪迈气概,表达了中华民族胸怀宽广及早日实现中国梦的决心。

1.1.4 中国体育对外援助走过了60年的光辉历程

1957年,亚洲地区的社会主义国家越南民主共和国,向中国政府发来了需要体育援助的请求。[2]在中央领导的关注和批示下,在国家体委的配合与实施下,中国政府无偿派出了体育援外教练员,拉开了体育对外援助的序幕。在冷战格局发生变化的条件下,中国政府权衡军事力量,及时调整国家战略方向,适当转变体育对外援助机制,既有效配合国家外交大局完成了政治任务,也实现了自身的体系建设和机制架构,为国际体育对外援助事业做出了榜样,得到了国际奥委会的赞誉。

---

① 习近平:《谋共同永续发展 做合作共赢伙伴——在联合国发展峰会上的讲话》,《光明日报》2015年9月27日。

② 俞大伟、李勇勤:《无偿与合作:我国体育对外援助方式研究》,《武汉体育学院学报》2016年第6期。

2017年,中国体育迎来了对外援助60年。①60年,有收获,也存在不足;有外交贡献,也出现过负面影响;有需要继续保持的特色和弘扬的优势,更有需要深刻总结的经验和避免的教训。因此,在纪念中国体育对外援助运行60周年之际,梳理发展历程、审视优势与不足、确立发展目标、构建优化体系,方能更好地发现问题、制定对策、展望未来。

1.2　研究意义

1.2.1　理论意义

本研究基于合作共赢视域,摒弃冷战思维的惯性延续,确立中国体育对外援助的主导方式,以及中国体育对外援助的运行方向,为中国体育对外援助的科学发展提供理论基础。

1.2.2　实践意义

本研究旨在优化中国体育对外援助运行机制,将有助于厘清体育对外援助的层级与体系,全面创新体育对外援助的形式及形态,促进体育对外援助政策的与时俱进,推进体育行政管理机构的职能转型,调动多元社会力量的广泛参与,丰富体育对外援助实践的内容与形式,深化体育产业国际创汇的繁荣发展,加快推动体育强国建设。

---

① 俞大伟:《中国开启体育对外援助的动因及启示》,《上海体育学院学报》2019年第2期。

2.1 研究现状

2.1.1 国外研究现状

2.1.1.1 体育对外援助运行功能的相关研究

Beacom强调,体育对外援助是国际发展援助的一种重要形式,拓宽了发展援助功能,推动了全球援助系统承担更多的责任。[1]国际体育组织、世界体育协会、非政府体育组织等作为国际社会的行动者,通过积极的倡议与广泛的讨论,在互惠互利基础上进行体育对外援助。同时,互惠原则与各方利益之间既有挑战也有互动,既存在矛盾也存在合作,援助者与受援方以体育对外援助为纽带,在不同的社会条件下运行和沟通,推动了国际社会及自身的发展与进步。

Beutler发现,国际社会越来越关注体育对外援助促进发展与和平的重要功能。联合国秘书长自担任发展与和平问题特别顾问以来,就已经将体育对外援助作为一种收效显著的工具,加快千年发展目标的实现。[2]实践证明,系统地开发体育对外援助功能,可以在公共卫生、教育普及、两性平等、疾病预防、环境可持续性发展等方面做出积极的贡献。近年来,在对外关系与多边合作中,很多国家开始重视体育对外援助在应对外交挑战方面的积极影响。

---

[1] Aaron Beacom,"A question of motives:Reciprocity,sport and development assistance",European Sport Management Quarterly,1(2007),pp.81-107.

[2] Ingrid Beutler,"Sport serving development and peace:Achieving the goals of the United Nations through sport",Sport in Society,4(2008), pp.359-369.

Jarvie提出,体育对外援助具有人道主义援助的功能与特点。在国际发展援助领域,一些贫穷落后和经济增长缓慢的国家,在特定环境与开放政策下,得到了国际社会友好的体育援助。同时,体育对外援助充分调动了援助国的社会力量,有效协调了国际社会的体育资源,建立了联系广泛的国际体育合作关系,给受援国民众带来更多的体育锻炼机会,对消除世界贫困具有重要的历史影响。①

2.1.1.2 体育对外援助运行内涵的相关研究

Tiessen指出,体育被高度评价为无国界的"全球语言",经常用于国际沟通和跨文化交流,成为全球公民互动的一个重要主题,被西方国家及援助组织作为促进发展与和平的重要工具。他深入探讨了国际组织在体育对外援助中采用的不同语境,各异的话语表达体现出的本质及内涵。②

Conner针对国际田径联合会,发起了一场极具学术性的探讨,认为国际田径联合会在实施体育对外援助时带有典型的西方理念,其对发展中国家实施的体育对外援助缺乏正义感。国际田径联合会每年都会将其预算的25%用于援助发展中国家,但是,这种体育援助带有新自由主义现代化理论色彩。通过保护西方运动员的利益,主导体育电视报道,吸引跨国企业的赞助,国际田径联合会实施的体育援助让西方产品进入发展中国家市场,构建了一个奇异的、文化同质的体育援助系统。③

Mwaanga对小规模人群进行了定量与定性相结合的实证研究,试图探索体育对外援助对撒哈拉沙漠以南地区的文化影响。研究结果表明,来自外部的体育援助具有积极意义,集体文化对于自我认同的影响极其重要。④

Hasselgard研究了挪威"体育促进发展与和平"援助计划,旨在了解非政府组织进行体育对外援助时所体现出的鲜明民族特征和传统文化特色。非政府组织是官方实施援助计划的体育服务供应商,要解决在贫困地区提供体育援助的结构性不

① Grant Jarvie,"Sport development and aid:Can sport make a difference",Sport in Society,2(2011),pp.241-252.

② Rebecca Tiessen,"Global subjects or objects of globalisation? The promotion of global citizenship in organisations offering sport for development and/or peace programmes",Third World Quarterly,3(2011),pp.571-587.

③ James Conner,"International development or white man's burden? The IAAF's Regional Development Centres and regional sporting assistance",Sport in Society,6(2011),pp.805-817.

④ Oscar Mwaanga,"A postcolonial approach to understanding sport-based empowerment of People Living with HIV/AIDS(PLWHA)in Zambia:The case of the cultural philosophy of Ubuntu",Journal of Disability & Religion,2(2014),pp.173-191.

平等现象。①

2.1.1.3 体育对外援助运行问题的相关研究

Andreff 对一国经济发展水平与体育发展速度之间是否存在着正相关进行了论证。发展中国家在体育事业发展中,存在着资金投入不足、体育基础设施落后等突出问题,直接影响到举办大型体育赛事的能力。同时,发展中国家的体育事业不能回避职业化、跨国赞助商的加入等问题。Andreff 通过数据模型进一步分析,一国人均 GDP 的增长和人口的增加,同赢得奥运奖牌的概率呈正相关。因此,他认为发展经济是体育进步的唯一方法,来自联合国教科文组织和外国的体育援助治标不治本。②

Straume 对挪威体育联盟 1980 年发起的"体育促进发展与和平"援助计划进行了详细的历史回顾,探讨了援助者与受援方之间的不平等问题。这项政治性的体育对外援助与国家外交政策相一致,目标是推动坦桑尼亚妇女更多参与到达累斯萨拉姆的体育运动中去。Straume 界定了妇女体育的概念,分析了女性应如何适应及融入坦桑尼亚社会的问题,同时认为,该计划源于西方自由主义思想,在实践中出现了很多不切实际的问题,导致援助双方在不同角色中产生冲突。③

2.1.2 国内研究现状

2.1.2.1 中国体育对外援助运行演进的相关研究

祝莉等指出,中国于 1957 年首次外派体育教练员,前往越南民主共和国给予援助,迈出了体育援外教练工作的第一步;中国于 1962 年向非洲派遣的首个体育援外教练组前往加纳,促进了非洲国家体育技术水平的提高;中国于 1965 年援建的首座体育场馆设施交付柬埔寨使用,开启了体育对外援助项目的大门。④

罗时铭提出,体育对外援助是体育对外交往的一部分,依据当代中国社会的发展,体育对外交往可分为两个阶段和六个时期。①改革开放前的体育对外交往阶

---

① Anders Hasselgard,"Norwegian sports aid:Exploring the Norwegian'Sport for Development and Peace'Discourse",Forum for Development Studies,2015.

② Wladimir Andreff,"The correlation between economic underdevelopment and sport",European Sport Management Quarterly,4(2001),pp.251-279.

③ Solveig Straume,"Norwegian naivety meets tanzanian reality:The case of the Norwegian sports development aid programme,sport for all,in Dares Salaam in the 1980s",The International Journal of the History of Sport,11(2012),pp.1577-1599.

④ 祝莉、唐沛:《中国体育外交六十年:回顾与展望》,《体育文化导刊》2009 年第 12 期。

段包括：中国社会主义建设过渡时期的体育对外交往(1949—1956年)，中国社会主义建设十年探索时期的体育对外交往(1957—1966年)，中国社会主义建设遭受严重挫折时期的体育对外交往(1967—1976年)。②改革开放后的体育对外交往阶段包括：中国政府为主导的体育对外援助时期(1977—1981年)，中国体育对外交往的双轨制时期(1982—1992年)，中国体育对外交往的多元时期(1993—2009年)。①

俞大伟等将中国体育援外教练工作划分为五个运行阶段：①起步阶段(1950—1964年)；②发展阶段(1965—1970年)；③增长阶段(1971—1978年)；④改革阶段(1979—1991年)；⑤调整阶段(1992年至今)。②

家三爱提出，中国对非洲体育援助经历了四个时期：①双方探索性的准备时期(1949—1956年)。埃及是中国首个建交的非洲国家，在此之前，中国通过各种渠道积极与非洲取得联系，传递真诚友好的和平共处理念，为开启非洲地区的体育对外援助搭建了平台。②双方奠定性的基础时期(1957—1983年)。与埃及建立正式的外交关系后，中国与非洲的联系常态化并日益紧密，1962年向加纳外派了首个体育援助团队，为满足非洲国家不断扩大的受援需求奠定了基础。③双方实践性的发展时期(1984—2000年)。在中国领导人提出对非经济技术合作四项原则③后，中国体育对外援助基于政策进行了调整和改革，对非洲的体育援外形式得到了创新与丰富，推动双方迈向多元化的合作发展时期。④双方战略性的深化时期(2001年至今)。中国政府以发展中国家的普遍进步为己任，与非洲地区建立了长久的中非合作论坛沟通机制，以加大对非洲国家的援助力度与规模，促进了双方缔结新型战略伙伴关系，推动了体育对外援助的深入开发。④

2.1.2.2 中国体育对外援助运行成果的相关研究

石林总结了1958—1985年中国对亚非拉地区的14个发展中国家的体育援助

---

① 罗时铭：《新中国体育对外交往60年论略》，《南京体育学院学报(社会科学版)》2009年第6期。

② 俞大伟：《中国体育援外教练工作研究》，《体育文化导刊》2012年第5期。

③ 这四项原则是：①中国同非洲国家进行经济技术合作，遵循团结友好、平等互利的原则，尊重对方的主权，不干涉对方的内政，不附带任何政治条件，不要求任何特权。②中国同非洲国家进行经济技术合作，从双方的实际需要和可能条件出发，发挥各自的长处和潜力，力求投资少、工期短、收效快，并能取得良好的经济效益。③中国同非洲国家进行经济技术合作，方式可以多种多样，因地制宜，包括提供技术服务、培训技术和管理人员、进行科学技术交流、承建工程、合作生产、合资经营等等。中国方面对所承担的合作项目负责守约、保质、重义。中国方面派出的专家和技术人员，不要求特殊的待遇。④中国同非洲国家进行经济技术合作，目的在于取长补短，互相帮助，以利于增强双方自力更生的能力和促进各自民族经济的发展。

④ 家三爱：《自由主义世界中的体育对外援助研究》，长春：吉林大学，硕士学位论文，2015年5月。

成果:共计援助交付了16个大型成套项目,具体成果包括12个体育场、7个体育馆、2个游泳场和运动员宿舍等,总建筑面积为45.5万平方米,可容纳38.6万名观众。有的项目是单一的运动场或体育馆,有的项目是场、馆兼具的综合性体育设施,这些项目的建筑规模都比较大,不但配套了室内外的练习场地和附属设备,还配有扩声器、电子计时记分器、空调等现代化设备。在日常使用中,除举行各种各样的重要体育比赛外,还可作为群众性集会和文艺活动的场所。①

伍绍祖对不同时期的体育援外场馆设施和体育援外教练进行了详细的统计。具体成果为:1957—1964年,中国共计为25个亚非拉发展中国家及大洋洲岛屿国家援助建设了38个成套体育项目,其中包括19个体育场、14个体育馆、5个游泳池;1965—1990年,共向104个国家和地区派出体育援外教练1140人次,专项主要集中在中国的优势运动项目上。②

王昊指出,中国从20世纪60年代开始承担面向第三世界国家援建体育场馆设施的外事任务,并向一些友好国家派出体育援助教练,进行竞技运动员的培训与指导。具体成果为:1972—1983年,中国相继完成了19个体育援外项目;1978—1996年,中国无偿为发展中国家和贫困地区提供了价值500万元左右的体育器材装备;截至1996年,中国已向109个国家和地区派出了25个运动项目的体育援外教练1639人次。③

刘鹏提出,中国政府以援建体育场馆设施、给予物资和现汇、赠送体育器材装备、外派体育教练员、接待体育团队来华训练、体育人力资源培训等多种形式,向160多个发展中国家提供了体育对外援助。具体成果为:1957—2008年,中国为世界各地的贫穷落后国家,以及区域性或全球性的非政府体育组织援建了2000多个民生体育工程项目,交付了80余座大型体育设施并投入使用,还友好提供人力资源培训及技术指导;在乒乓球项目上,中国共向80多个国家和地区派出了约600人次的体育援外教练;同时,中国向非洲39个国家共计派出了18个项目的576名体育援外教练。④

2.1.2.3　中国体育对外援助运行作用的相关研究

宋雪莹提出,中国体育对外援助工作将和平共处五项原则与对外经济援助八

---

① 石林:《当代中国的对外经济合作》,北京:中国社会科学出版社,1989年。

② 伍绍祖:《中华人民共和国体育史(1949—1998)》,北京:中国书籍出版社,1999年。

③ 王昊:《论新中国的体育外交》,北京:外交学院,硕士学位论文,2006年。

④ 国家体育总局:《改革开放30年的中国体育》,北京:人民体育出版社,2008年。

项原则①相结合,促进了同发展中国家及人民的友好关系,支持了亚非拉国家的民族独立和解放运动,成为同广大第三世界国家友谊的历史见证。②

唐沛总结了中国体育对外援助的重要作用:①受到了国际社会的肯定与赞誉,得到了国际奥委会的表彰与奖励;②提高了贫穷落后国家的体育竞赛水平,完善了青少年运动员的培养和梯队建设,推动了世界体育的共同发展和繁荣,营造了良好的奥林匹克国际大家庭氛围;③发挥了推进祖国和平统一大业的独特作用。③

罗时铭归纳了中国体育对外援助的积极作用:①对中国体育发展具有积极作用,优势运动项目人才的援派,促进国际赛事的强强对抗,提高了优势运动项目的整体水平,以标杆性的作用吸引各国优秀青少年来华,从而推动中国优势运动项目的长久不衰;②对世界体育发展具有积极作用,促进了世界竞技体育水平的不断提高,均衡了奥运奖牌的多极分布态势;③对体育科学技术具有积极作用,在"走出去"与"请进来"的高速互通带动下,杰出的体育人才加快了全球性的流动脚步,促进了体育科学技术的对外传播与世界分享。④

2.1.2.4 中国体育对外援助运行经验的相关研究

吴天强调,应减少某些不实用的体育对外援助项目,节约体育对外援助的运行资金。在改革开放前,中国应援助请求而为发展中国家建设了大量体育场馆设施,成套体育项目的前期资金投入和定期维修费用较大,日常利用效果并不是十分理想,如继续盲目和过多援建,势必得不偿失。在改革开放后,中国政府决定原则上不再无偿援建"楼、堂、馆、所"这类项目,以提高体育对外援助资金的使用效率。⑤

林香菜阐述了影响中国乒乓球教练援外工作的因素,主要包括政治因素、经济

① 对外经济技术援助八项原则是中国在平等互利原则基础上提出的对外提供经济技术援助的基本原则。基本内容是:①根据平等互利的原则对外提供援助。不把援助看作是单方面的赐予,认为援助是相互的。②严格尊重受援国的主权,绝不附带任何条件,绝不要求任何特权。③以无息或低息贷款的方式提供经济援助,在需要时延长还款期限,尽量减少受援国的负担。④对外提供援助的目的不是造成受援国对中国的依赖,而是援助受援国逐步走上自力更生、经济上独立发展的道路。⑤帮助受援国建设的项目,力求投资少,收效快,使受援国能够增加收入,积累资金。⑥提供中国所能生产的、质量最好的设备和物资,并根据国际市场的价格议价。如所提供的设备和物资不合乎商定的规格和质量,保证退换。⑦对外提供任何技术援助时,保证使受援国人员充分掌握这种技术。⑧派到受援国帮助进行建设的专家,同受援国自己的专家享受同样的物质待遇,不容许有任何特殊要求和享受。

② 宋雪莹:《国际体育交流对开拓新中国外交局面的历史作用与未来展望》,《首都体育学院学报》2002年第2期。

③ 唐沛:《新中国体育外交的回顾与展望》,北京:北京体育大学,硕士学位论文,2008年。

④ 罗时铭:《改革开放以来中国体育的对外交往》,《武汉体育学院学报》2008年第1期。

⑤ 吴天:《中国对外援助政策分析》,北京:外交学院,硕士学位论文,2004年。

因素和援外管理部门的政策,并对现有体育援外制度提出了参考建议。第一,应处理好体育援外教练多头派遣的问题;第二,要加强体育援外教练的素质管理和工作监督;第三,可增加中国传统文化方面的培训,让体育援外教练员成为真正的外交使者。[1]

刘京对体育援外教练工作进行了梳理,总结出以下五个方面的宝贵经验:①国家外交战略的有效配合;②以受援国体育发展为基本目标;③对体育援外教练培训有所侧重;④与时俱进;⑤将受援国需求放在首位。[2]

俞大伟概括了中国体育对外援助存在的不足,包括缺乏法治保障、运行体系不健全、形式相对单一、形态缺乏灵活性等。有针对性的解决方案是:健全对外援助法律法规,完善运行体系,积极开发新形式、创新形态等。[3]

2.2　研究评述

国外研究较为侧重体育对外援助运行功能、运行内涵、运行问题的探讨,主要聚焦在国际的发展援助层面,没有涉及中国体育对外援助的相关领域。国内研究主要集中在中国体育对外援助运行演进、运行成果、运行作用、运行经验的相关分析,重点关注微观的工作实践层面。国内学者倾注了浓厚的研究热情,投入了大量的研究精力,取得了丰硕的研究成果,具体表现为:第一,中国体育对外援助经历多年的发展,在变化的历史环境中表现出不同的发展特点;第二,中国体育对外援助硕果累累,为世界各地援助了多元化的体育资源;第三,中国体育对外援助发挥了独特的作用,为国家提升形象、获得国际社会的认可与国际组织的赞誉带来了积极的功效;第四,中国体育对外援助总结出多方面的运行经验,为运行体系的完善、运行机制的搭建贡献了力量。综观各方研究,笔者认为,运行机制的相关研究还应深入。运行机制是带有规律性的整体运行原理,能够动态规范体育对外援助的结构与体系,为其稳定运行及良性发展提供保障。

中国体育对外援助自1957年开启以来,伴随着中国特色社会主义道路的摸索而孜孜前行,逐渐构建了相对独特的运行机制。研究中国体育对外援助运行机制,可以深入了解整个历史过程,全面掌握发展变化规律,还能够把握现状、指导未来。

---

① 林香菜:《我国乒乓球教练员援外的研究》,北京:北京体育大学,硕士学位论文,2006年。

② 刘京:《我国体育对外援助教练工作的现状与对策研究》,北京:北京体育大学,硕士学位论文,2006年。

③ 2014年世界体育社会学大会组委会编:《社会变革与体育社会学的挑战》,北京:北京体育大学出版社,2014年。

党的十八大提出构建以合作共赢为核心的新型国际关系,中国体育对外援助运行机制也要进行适时的转变、优化。以合作共赢精神引领中国体育对外援助工作,可激发中国体育对外援助运行机制的活力。因此,在合作共赢视域下对中国体育对外援助运行机制进行研究,正是政府工作的现实需要和科研工作者的使命所在。

本书以中国体育对外援助为研究对象,以合作共赢为研究视域,以运行机制为研究主题。研究方法如下。

3.1　文献分析法

以"体育对外援助""体育援外""体育援派""体育援赠""体育援助""体育援建""援外教练"等为关键词,在《中国知网数据库》、《万方数据库》、*Science Citation Index*、*Social Sciences Citation Index* 等国内外重要电子数据库进行全文搜索,查询到相关文献200余篇。访问国家体育总局直属的中国体育档案馆、北京体育大学、中国体育国际经济技术合作有限公司、体育文化发展中心、人力资源开发中心等单位,查阅与中国体育对外援助直接相关的档案、专著、年鉴等资料200余种。相关文献资料为本研究的有序开展提供了基础,为研究论点的阐述提供了支撑。

3.2　系统分析法

历史系统分析法是以整体观念为基础,通过揭示系统与局部的各种复杂关系,了解和把握事物的历史变化与发展过程。[1]本研究在中华人民共和国成立至今的历史系统内,对所有涉及中国体育对外援助的相关资料进行归纳,通过梳理重要政策、重大事件、具体实践的发展变化,呈现运行机制从产生到成熟的架构进程。

在同一阶段内,通过比较分析体育援外教练人数变化、援外教练派往国家和地区的不同、体育对外援助金额走势、援建体育场馆设施方式选择等信息,提炼中国

---

[1] 刘西真、王娜:《读钱穆的〈中国历史研究法〉》,《大众文艺》2012年第16期。

体育对外援助不同发展阶段的显著特征。在同一时期内,对不同历史阶段进行横向比较,对共同点和差异性进行分析,归纳体育对外援助运行的主要特点与突出贡献。在不同时期内,结合主要特点和突出贡献进行纵向比较,为客观审视中国体育对外援助运行机制提供有力的历史依据和论据支撑。

3.3　专家访谈法

访谈专家包括:国家体育总局直属的相关单位和管理中心、国内著名的高等体育院校和师范院校、体育学科排名靠前的综合类"双一流"高校中直接参与体育对外援助运行的工作人员,以及本研究涉及的不同领域专家学者(见表3-1)。访谈渠道包括电话咨询、面谈交流、邮件沟通等。访谈方法包括结构性访谈(见附录1)与非结构性访谈。在访谈中,笔者与国内知名体育专家交换意见,听取国外来华接受援助的官员与留学生的心得体会,深入了解体育对外援助工作人员的实践经验,获取体系内部的一些重要资料与援助数据,为本研究的顺利推进提供了充分保障。

表 3-1　访谈专家的具体情况

姓名	工作单位	职称、职务/身份	主要研究领域/工作内容	访谈方式
任　海	北京体育大学	教授、博士生导师	体育政策、奥林匹克运动	非结构性访谈
黄亚玲	北京体育大学	教授、博士生导师	体育改革、体育组织治理	结构性访谈
郑国华	上海体育学院	教授、博士生导师	国际体育史、体育文化传播	结构性访谈
张晓义	北京体育大学	教授、博士生导师	体育外交、体育发展战略	结构性访谈
王润斌	福建师范大学	教授、博士生导师	体育外交、奥林匹克治理	结构性访谈
王智慧	中国人民大学	教授、博士生导师	体育社会学、民族传统体育	结构性访谈
肖　晞	吉林大学	教授、博士生导师	国际政治理论、当代中国外交	结构性访谈
袁　雷	吉林大学	教授、博士生导师	重大体育社会问题	结构性访谈
刘雪华	吉林大学	教授、博士生导师	政府机构改革与治理	结构性访谈
于君博	吉林大学	教授、博士生导师	社会组织治理与协同发展	结构性访谈
李廷奎	吉林大学	副教授	文化大使、体育文化传播	结构性访谈
薛瑞昆	吉林大学	副教授,乒乓球援外教练员	中国体育对外援助	非结构性访谈
潘××	中体国际公司	体育援外工作人员	中国体育对外援助	非结构性访谈
刘××	国家体育总局人力资源开发中心	体育援外工作人员	中国体育对外援助	非结构性访谈

姓名	工作单位	职称、职务/身份	主要研究领域/工作内容	访谈方式
Muasya	肯尼亚教育部	非洲国家官员	来中国接受援助培训	非结构性访谈
阮登科	北京体育大学	越南留学生	来中国接受援助培训	结构性访谈
Beedassy	毛里求斯教育学院	非洲国家官员	来中国接受援助培训	非结构性访谈

注:由于工作原因,隐去部分专家的姓名。

3.4　理性选择分析法

理性选择分析法是国际关系研究中的常用方法,可以用来分析中国体育对外援助运行是否合理。采用逻辑顺推法,可以预测体育对外援助运行的走向。运用逻辑逆推法,可从现状中剖析体育对外援助发生变化的原因。

3.4.1　逻辑顺推法

依据专家访谈确定的结构关系与逻辑主线,结合系统分析法与比较分析法,对中国体育对外援助的管理机构、运行原则、政策变化等,采用逻辑顺推的方法,系统解析中国体育对外援助运行机制,明确中国体育对外援助运行机制的结构层级。

3.4.2　逻辑逆推法

根据中国体育对外援助运行机制的结构与层次,采用逻辑逆推法,审视中国体育对外援助运行机制的优势与不足。同时,立足社会变革与时代进步的背景,全面把握援助方与受援方的共同利益,结合外交工作与内政建设,明晰中国体育对外援助工作的发展目标。

3.5　问卷调查法

本研究的调查问卷(见附录2)主要针对外国朋友,对受援国外交人员、政府官员、体育科研专家、留学生和来华民众,通过随机发放问卷的调查方法,发出问卷70份并全部回收,有效问卷68份,有效回收率为97.1%。问卷调查充分考虑受援国政府和民间的现实关切,遵循对外经济技术援助八项原则,旨在推动中国体育对外援助的优化运行。

3.6　惯性预测法

本研究结合优化的体育对外援助运行机制,运用惯性预测法[①]进行展望。伴随着中国体育事业改革治理的不断深化,体育对外援助的运行机制将会更加完善。宏观层面的智能型调控机制可促进体育对外援助的科学与稳定运行,中观层面的多元化执行机制能促进体育对外援助的高效运行,微观层面的灵活式操作机制可促进体育对外援助的创新运行,从而全面达成援助方与受援方的合作共赢。

---

① 阎学通、孙学峰:《国际关系研究实用方法》,北京:人民出版社,2001年,第147页。

4.1 从概念到视域:中国体育对外援助运行机制引论

4.1.1 概念界定

4.1.1.1 对外援助的释义

"对外援助"在各个国家和不同组织中称谓各异,使用的术语也截然不同。美国的文件中经常出现"对外援助",却不太区分"对外发展援助""对外军事援助""对外情报援助"。日本则偏好使用"经济合作"和"政府开发援助"的说法。①北欧国家倾向使用"发展合作",以显示援助双方的平等和友好。国际组织与欧盟国家习惯使用"发展援助",着重强调援助是以促进受援国发展为目的,旨在表达援助资源的输出是为了推动贫困国家提振经济。②冷战结束后,经济合作与发展组织特别提出了"官方援助"这一新名词。虽然说法不同,但所表达的意思基本上是一致的。相对而言,"对外援助"的涵盖面最广,可以包含以上所有领域的援助形式,使用频率也相对较高。中国政府习惯使用"对外援助"这一概念,在官方文件中一般统称为对外援助,国务院新闻办公室于2011年4月公开发布了《中国的对外援助(2011)》白皮书。本研究在论述中采用"对外援助"一词。

4.1.1.2 对外援助的认识

关于对外援助,自马歇尔计划实施以来,就存在着非常多的争议。民众常常质

---

① 朱艳圣:《日本政府开发援助背后的战略分析》,《当代世界与社会主义》2015年第5期。
② 贾文华:《欧盟官方发展援助变革的实证考察》,《欧洲研究》2009年第1期。

疑本国对外援助工作,认为国内尚有很多民生问题亟待解决,政府却拿着纳税人的钱去援助他国。①实践证明,对外援助是一种严肃而广泛的国际友好合作行为,具有积极的现实意义和广阔的发展空间。

(1)国外学者的认识。现实主义学派代表人物、国际政治理论家汉斯·摩根索(Hans Morgenthau)提出,对外政策是决定国家发展和民族进步的关键,政策制定者采用各种方法维护国家主权、保卫民族安全,扭转国际关系中的被动局面,对外援助就是一种行之有效的外交工具。所以,他认为:"无论什么形式的对外援助,本质都是政治性的,其主要目标都是维护国家利益。"②这种观点是从国际政治层面出发,以维护援助者的国家利益为视角,并未考虑受援方的利益得失。

经济合作与发展组织1972年对官方发展援助做出了严格定义:"援助国官方机构为促进发展中国家的经济发展和改善生活,向发展援助委员会受援国名单中位于第一部分的国家和地区(发展中国家和地区),以及多边援助机构提供的无偿赠予或贷款,其中包含的赠予成分不得少于25%。"可以看出,此项援助必须同时满足三个条件:①由国家政府机构提供资源;②将促进发展中国家摆脱贫困视为主要目标;③援助的赠予成分为25%~100%。

英国萨塞克斯大学发展研究院的学者约翰·怀特(John White)强调:"对外援助只能严格地用来指一个国家的人民(机构)对另一个国家的人民(机构)所实施的帮助或计划进行帮助的行为。"③这个定义突出了援助行为的官方性,但排除了非政府组织、国际组织等非官方力量的作用。当下,援助主体的参与形式不断丰富,多元化的发展趋势和成效日益显著。

长期在国际金融机构工作的赞比亚裔经济学家丹比萨·莫约(Dambisa Moyo)在《援助的死亡》中指出:"对外援助是优惠贷款和赠予等援助形式的总称,它包括人道主义或紧急援助、慈善组织的援助、系统援助三种类型。"④这是从国际发展援助角度进行的阐述,主要针对多边援助渠道,重点关注国际发展援助的三种类型。

(2)国内学者的认识。中国社会科学院欧洲问题研究专家周弘教授在《对外援助与国际关系》中强调:"外援是国内政治的拓展,是国家推行外交政策的工具。"⑤

① 张严冰、黄莺:《中国和西方在对外援助理念上的差异性辨析》,《现代国际关系》2012年第2期。

② Hans Morgenthau,"A political theory of foreign aid",The American Poitical Science,2(1962),pp.301-309.

③ John White,The Politics of Foreign Aid,London:Bodley Heda,1974.

④ 丹比萨·莫约:《援助的死亡》,北京:世界知识出版社,2010年。

⑤ 周弘:《对外援助与国际关系》,北京:中国社会科学出版社,2002年。

该定义言简意赅地指出对外援助就是国家外交的辅助工具,但它基于援助国的立场,因而忽视了受援国的地位和需求。

中共中央党校国际战略研究所张郁慧博士在《中国对外援助研究》中提出:"对外援助是指援助国或国家集团、援助组织、社会团体乃至个人出于政治、经济、人道主义等方面的动机,以优惠的方式向受援国或国家集团提供资金、物资、技术和人力等帮助的行为。"[①]这一解释涵盖了援助者与受援方,说明了援助的动机,但忽略了无偿赠予这一方式。

上海外国语大学陈小丽在《受援国的对外援助——以21世纪初中国的双重援助地位为例》中指出:"对外援助是指援助者通过双边或多边渠道,以资金和技术合作等方式,向受援方提供各种形式的援助。"[②]这一界定着重强调了对外援助的渠道、合作的方式,忽视了对外援助的动机和目的。

兰州大学张鲁平在《改革开放以来我国对外援助理论与实践研究》中指出:"对外援助是指援助国的政府、民间组织、个人或国际组织出于政治、经济、军事和人道主义等方面的动机,以无偿或优惠的方式向受援国或国家集团提供资金、物资、技术和人力等帮助,从而达到维护本国利益、促进世界和平与发展目标的双边或多边行为。"[③]这个定义在援助主体方面增加了国际组织,强调了援助主体的多元化,阐述了对外援助包括无偿和优惠两种方式,说明了对外援助的目的和意义,提出了对外援助的多种形式,比其他学者的阐述要全面。

4.1.1.3 体育对外援助的界定

北京体育大学林香菜在其硕士学位论文《我国乒乓球教练员援外的研究》中对中国体育援外教练工作进行了界定:"援外教练工作是一项政府职能工作,是中国政治外交的一个组成部分,是为了促进与世界各国之间的体育交流,增进友谊、扩大影响,而对外开展的体育技术交流与合作。它是一种国与国、政府与政府间的体育文化交流,要服从于国家需要和政治需要。"[④]体育援外教练是体育对外援助的主要形式,是援派体育技术人员的典型代表,为对外政策的开展和体育对外援助的落实贡献了力量。这虽然不是对体育对外援助的概念界定,但指明了中国体育对外

---

① 张郁慧:《中国对外援助研究》,北京:中共中央党校,博士学位论文,2006年。

② 陈小丽:《受援国的对外援助——以21世纪初中国的双重援助地位为例》,上海:上海外国语大学,硕士学位论文,2011年。

③ 张鲁平:《改革开放以来我国对外援助理论与实践研究》,兰州:兰州大学,硕士学位论文,2011年。

④ 林香菜:《我国乒乓球教练员援外的研究》,北京:北京体育大学,硕士学位论文,2006年。

援助的官方色彩和政治目的。

吉林大学俞大伟在其硕士学位论文《我国体育对外援助的历史回顾》中指出："体育对外援助就是以体育为手段所进行的对外援助，其形式包括硬件援助（资金、体育器材、体育设施）和软件援助（教练员、体育专家、裁判员、医生、竞赛组织管理人员、体育科研信息）。"[1]这个定义按照属性将体育对外援助分为硬件援助和软件援助两种类型，未论及体育对外援助的目的、动机、主体、方式和渠道等要素，过于简单。

北京体育大学刘京在其硕士学位论文《我国体育对外援助教练工作的现状与对策研究》中指出："体育援外教练是服务于我国的政治、外交和体育事业发展需要，在国家体育管理部门登记并接受统一派遣和管理，与国外聘方签订工作协议，从事体育教学与训练的体育教练员。"[2]这个定义限定了体育援外教练的范围——由政府统一派遣和管理。

吉林大学家三爱在其硕士学位论文《自由主义世界中的体育对外援助研究》中对体育对外援助界定如下："体育对外援助即援助国或国际组织向受援国或国际组织以无偿或优惠的方式，提供与体育相关的硬件（资金、体育器材、体育设施）和软件（教练员、体育专家、裁判员、医生、竞赛组织管理人员、体育科研信息）等帮助行为。"[3]相对来说，这个定义比较全面。

概念是思维的逻辑起点，对研究对象的概念进行高度概括，是理性分析的基础和根源，也是深入研究的前提和保障。体育对外援助是对外援助的重要内容，同经济对外援助、教育对外援助、技术对外援助等并重，是独具特色且无法替代的一个领域。因此，在充分了解和掌握已有研究的基础上，本研究将体育对外援助的概念界定为：援助国政府、企业和其他社会力量或国际组织，出于政治、经济、人道主义等方面的动机，通过双边、多边或非政府的渠道，将硬件或软件类型的体育资源，以无偿赠予或优惠合作的方式向受援方提供帮助，从而达成援助各方共赢的对外行为。

4.1.1.4　相关概念的界定

（1）**体育对外援助方式**。根据财政条件差异与资源流动方向的不同，体育对外援助的实现有两种方式：一种是无偿赠予，一种是优惠合作。体育对外援助的无偿

① 俞大伟：《我国体育对外援助的历史回顾》，长春：吉林大学，硕士学位论文，2011年。
② 刘京：《我国体育对外援助教练工作的现状与对策研究》，北京：北京体育大学，硕士学位论文，2006年。
③ 家三爱：《自由主义世界中的体育对外援助研究》，长春：吉林大学，硕士学位论文，2015年。

赠予是资源的单向流出,简称无偿体育援外(见图4-1)。体育对外援助的优惠合作是资源的双向互通,简称体育援外合作(见图4-2)。当赠予成分达到100%时,就是无偿体育援外;当赠予成分小于100%时,即为体育援外合作。[①]显而易见,这两种运行方式有着本质的区别,在资源流动、赠予比例等方面各有侧重。体育援外合作的具体方式,常见的有贷款援建体育场馆设施、有偿外派体育技术人员等。中国政府根据援外合同,支持受援国的体育工程建设,外派体育专家,受援国要定期支付项目投入成本,给予人力资源福利。援外贷款的利率十分优惠并由中国政府补贴,援外专家的待遇要远低于同级别的西方国家[②],因而体育对外援助合作方式完全具备了对外援助所承载的公益性和优惠性等独特属性,成为国际经济技术合作中广泛应用的援外方式。

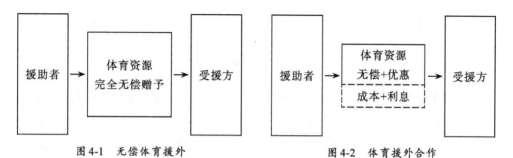

图4-1 无偿体育援外   图4-2 体育援外合作

(2)**体育对外援助主体**。中国体育对外援助的实施主体,可分为政府、企业、社会三支力量,具体表现为政府机构、企业单位、社会组织(见图4-3)。

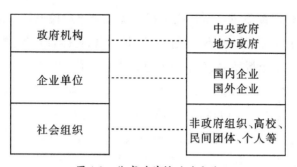

图4-3 体育对外援助的主体

(3)**体育对外援助类型**。针对各异的目标方向和预期取得的理想成果,援助主体会根据客观情况选取一种援助形式,或者把几种不同特点的援助形式结合使用。

① 俞大伟、李勇勤:《无偿与合作:我国体育对外援助方式研究》,《武汉体育学院学报》2016年第6期。

② 姜磊、王海军:《中国与西方国家对外援助比较分析——基于附加政治条件的研究》,《理论与改革》2010年第6期。

中国体育对外援助形式丰富多彩,本着化繁为简、剥茧抽丝的原则,依据资源属性,本书将体育对外援助分为两种类型:一种是硬件类型,另一种是软件类型(见图4-4)。①

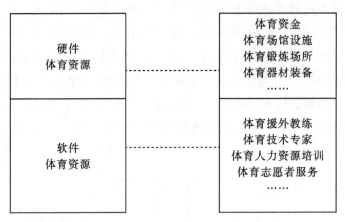

图 4-4　体育对外援助的类型

硬件类型的体育对外援助,是将看得见、摸得着的实物类体育资源提供给受援方,意在促进体育基础设施与运动器材配套的完善,具体实践有援建体育场馆设施、援赠体育器材装备、援送体育资金等。软件类型的体育对外援助形式,是将无形的、领先的体育资源转移到受援方,旨在推动体育人才的信息更新与技术提升,具体实践有派遣体育援外教练、外派体育技术专家、体育人力资源培训、体育志愿者服务等。

(4)体育对外援助渠道。本研究依据中国社会科学院欧洲问题研究专家周弘教授的方法,基于体育资源的不同流向及所属关系,将体育对外援助的流通渠道分为双边援助渠道、多边援助渠道、非政府援助渠道三种(见图4-5)。②双边援助是援助国的中央政府或地方政府向另一主权国家提供的体育对外援助,体现了主权国家点对点的对接路径。多边援助是国际组织首先接受援助国政府提供的体育资源,再经其多边援助机构和援助计划,向发展中国家提供体育对外援助,是必须由中介方统筹安排的一种路径。非政府援助是相对于政府援助而言的,援助主体包括企业、非政府组织、高校、民间团体、个人等,这类援助是减轻国家财政负担的一种有效路径。

---

① 俞大伟:《中国体育对外援助主体的发展策略研究》,《体育文化导刊》2016年第12期。

② 周弘:《对外援助与国际关系》,北京:中国社会科学出版社,2002年,第10页。

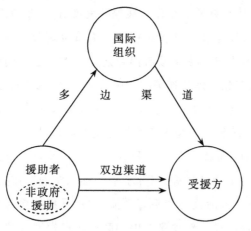

图 4-5　体育对外援助渠道

（5）**体育对外援助运行机制**。运行机制,是影响事物稳定运行的各种要素及其结构、功能和相互关系,以及这些要素产生影响、呈现功效的方式、方法及关联。体育对外援助运行机制是指体育对外援助内在的运行机能,是运行过程中各环节之间的本质联系,是各种要素及内外因素相互作用的结构关系。在体育对外援助运行机制中,各种援外主体有机联系、相互配合,根据受援需求实现体育资源的国际转移。构建一套完善、灵活、高效的运行机制,有助于推动中国体育对外援助工作全面、协调、可持续发展。

4.1.2　研究视域:合作共赢

2012年11月8日,中国共产党第十八次全国代表大会隆重召开。会议报告提出:"在国际关系中,要弘扬平等互信、包容互鉴、合作共赢的精神,共同维护国际公平正义。"合作共赢是构建新型国际关系的核心,是打造人类命运共同体的真诚表达,是推动和平发展道路中的持续动力。合作共赢是当前时代的智慧结晶,它并非合作与共赢的简单相加,而是合作与共赢的持续且良性互动。因此,合作可以促进体育对外援助的科学发展,合作能够实现中国与受援国的互利共赢。站在和平发展与民族复兴的历史新起点,针对国际政治动荡与世界经济低迷的新变化,着眼整体格局和未来趋势,我们更应当以合作共赢精神开创中国体育对外援助的新境界。

构建以合作共赢为引领的体育对外援助运行机制,是新时代背景下中国特色大国外交的新思路,也是全面践行"命运共同体"理念的新路径。当今世界正在发生着深刻与复杂变化,全球化趋势推动地球村的各国互为依存,成为休戚与共的命运共同体。①多方主体只有通力合作才能保持发展势头，唯有互利共赢才能促进社会转型升级与人类文明进步。合作是推动人类稳定繁荣的最佳方式，共赢是维护世界持久和平的明智之举。中国政府倡导建立人类命运共同体，在和平发展道路上与他国共谋合作，在建设体育强国实践中与他国共同提高，在运行体育对外援助中与他国共图发展。合作是方式，也是手段，主导着体育对外援助的运行方向。共赢有双赢，也有多赢，统领着中国体育对外援助的运行目标。

2015年4月22日，国家主席习近平在亚非领导人会议做大会发言，十分明确地强调："合作共赢的基础是平等，离开了平等难以实现合作共赢。"中国是一个发展中大国，十分重视与国际社会的平等交流，主动承担体育对外援助的重要责任，全力推动重构国际政治经济新秩序。中国政府早已摒弃冷战思维，主张各国一起发展才是真发展，共同发展才能实现可持续发展。体育对外援助是建立在和平共处五项原则的基础上的，充分尊重受援国提出的各项援助请求，绝不附带任何条件与其他特权。在我国政府提出的对外经济技术援助八项原则中，"平等互利"是非常重要和极其关键的，必须在体育对外援助运行机制中体现出来。中华民族重义轻利、求同存异，构建覆盖全球的伙伴关系网络，旨在帮助受援国走上独立自主、自力更生的发展道路。经过多年的体育对外援助实践，我国形成了"周边是首要、大国是关键、发展中国家是基础、多边是重要舞台"的外交布局。②当今，构建以合作共赢为核心的国际关系，并非对国际体系的彻底否定，而是要与时俱进，对国际秩序进行良好治理，积极调动国际社会的沟通与信任，推动国际合作走向有利于人类和平与发展的未来。

合作主导着中国体育对外援助的运行方式，全面体现了援助双方的互利共生关系，是真诚友好交往的明智之举。共赢是中国体育对外援助的必然趋势，保障援助双方利益共享，是可持续发展的不竭动力。合作共赢能够在理论上指引体育对外援助向着既定目标前行。本研究以平等为基础，以互利为原则，以体育为抓手，以政治为桥梁，以经济为纽带，以文化为内核，以合作为导向，以共赢为目标，同时，强调正确处理"合作—共赢""平等—互利""援助—受援""体育—政治—经济—文化"等关系，真正展现出合作共赢的精髓。

第一，要处理好"合作—共赢"的"手段与目的"关系。合作与共赢相互促进，合作是主导方向，共赢是主要目标，应通过合作的方式达成共赢，并以共赢为愿景推

---

① 阮宗泽：《构建人类命运共同体 助力中国战略机遇期》，《国际问题研究》2018年第1期。

② 阎学通：《外交转型、利益排序与大国崛起》，《战略决策研究》2017年第3期。

动合作的深化。

第二,要处理好"平等—互利"的"身份与原则"关系。平等与互利相互依托,平等体现援助双方具有平行和对等的身份,互利是援助双方应遵循和秉承的原则,应通过平等的沟通深化对互利准则的认同,并以互利的援助促进平等交往关系的建立。

第三,要处理好"援助—受援"的"主体与客体"关系。援助与受援相互依存,援助者是资源的供给主体,受援方是资源的接受客体,中国通过体育对外援助促进受援国体育事业进步,同时也为自身创造了良好的发展空间。

第四,要处理好"体育—政治—经济—文化"的"协作与互惠"关系。体育、政治、经济、文化相互关联,政治使命虽是援助的核心任务,经济与文化交流却蕴含其中,应通过多领域的协作实现全方位的互惠,并以互惠的体育对外援助达成合作的升级。

4.1.3 研究框架

本书研究框架见表4-1。

表4-1 本书研究框架

1	从概念到视域:中国体育对外援助运行机制引论				
2	从起步到成形	中国体育对外援助运行机制的架构	7	从合作到共赢	中国体育对外援助运行机制的意义
3	从外交到内政	中国体育对外援助运行机制的贡献	8		中国体育对外援助运行机制的目标
4	从无偿到合作	中国体育对外援助运行机制的特点	9		中国体育对外援助运行机制的特色
5	从宏观到微观	中国体育对外援助运行机制的解析	10		中国体育对外援助运行机制的优化
6	从优势到不足	中国体育对外援助运行机制的审视	11		中国体育对外援助运行机制的展望

逻辑主线:以合作共赢为视域,兼顾援助方与受援方的利益,将外交与内政相结合,将历史与当下相结合,将理论与实践相结合,将宏观、中观与微观相结合。

4.2 从起步到成形:中国体育对外援助运行机制的架构

本研究依据国内的重要政策和重大事件,对中国体育对外援助进行划分和推演。第一个划分维度,是以影响运行方式的国内重大政策为依据,将中国体育对外援助细分为三个运行时期。第二个划分维度,是以影响运行走向的国内重大事件为依据,将中国体育对外援助细分为六个运行阶段。第三个划分维度,是不同运行时期与发展阶段之内,中国体育对外援助的具体运行实践(见图4-6)。

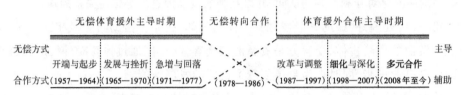

图4-6 从起步到成形:中国体育对外援助运行机制的架构

4.2.1 无偿体育援外主导时期(1957—1977年)

4.2.1.1 体育对外援助的开端与起步阶段(1957—1964年)

1957年3月,作为友好邻国的越南民主共和国致电中国政府,希望派一位足球专家短期执教其国家足球队,并在两个月内举办一期教练员进修班和裁判员培训班。①充分考虑越南的实际情况,毛泽东主席强调:"我们援助越南是完全无偿的,是没有任何条件的,凡是越南实际需要的,就尽力提供。"②国家体委迅速做出回应,安排中国足球队队长史万春于当年10月前往越南进行支援。由此,中国拉开了体育对外援助的序幕,迈出了无偿体育对外援助的脚步。面对重重困难,史万春在有限时间内顺利完成了艰巨的体育援外任务。

尽管国际奥委会在1954年已公开承认中华全国体育总会是中国的国家奥委会,却错误坚持将台湾的所谓"中华全国体育协进会"保留其中,企图在国际奥委会内部制造"一中一台"。1958年8月19日,在与国际奥委会多次严正交涉无果后,中华全国体育总会不得不遗憾地退出国际奥委会,中国与国际体育组织的联系也随之中断。

1958年,中国为蒙古无偿援建了中央体育馆和体育场,为蒙古人民完善体育基础设施,改善运动员训练条件提供了保障。1958年12月,周恩来总理在对外援助工作会议上强调:"我们应本着国际主义精神,支援那些需要我们帮助的社会主义国家。……同时,我们也应该在力所能及的范围内,有重点地援助那些在经济上

---

① 刘京:《我国体育对外援助教练工作的现状与对策研究》,北京:北京体育大学,硕士学位论文,2006年,第17页。

② 赵学功:《试论中美在印度支那对抗的缘起》,《世界现代史研究》2014年第10期。

不够发达的亚非拉民族主义国家。"①随着中央会议精神的贯彻和国家体委的有效落实,受援国逐步由朝鲜、阿尔巴尼亚等社会主义国家,向柬埔寨、印度尼西亚等民族主义国家扩展,受援地区逐渐从缅甸、蒙古等亚洲的周边国家,向加纳、古巴等非洲、拉丁美洲国家延伸。中国遵循"尽国际义务,为世界人民服务"的宗旨和"外交无小事、援外为政治服务"的原则,在帮助受援国提高竞技体育成绩的目标指引下,无偿向亚非拉地区,相继派出25人次的体育援外教练员(见表4-2)。

表4-2 1957—1964年体育援外教练的执行情况

序号	外派国家	外派时间	外派人数/人	国家性质	地理位置	备注
1	越南	1957年10月	3	社会主义国家	亚洲	邻国
		1959年10月	2			
		1961年8月	2			
2	蒙古	1959年10月	2	社会主义国家	亚洲	邻国
3	朝鲜	1960年4月	1	社会主义国家	亚洲	邻国
4	缅甸	1961年8月	2	民族主义国家	亚洲	邻国
5	阿尔巴尼亚	1961年9月	1	社会主义国家	欧洲	
6	柬埔寨	1961年10月	2	民族主义国家	亚洲	
7	加纳	1962年5月	1	民族主义国家	非洲	
8	印度尼西亚	1962年11月	4	民族主义国家	亚洲	
9	几内亚	1963年2月	2	民族主义国家	非洲	
10	马里	1963年7月	1	民族主义国家	非洲	
11	古巴	1964年8月	2	社会主义国家	拉丁美洲	

资料来源:国家体育总局人力资源开发中心。

1963年,为了打破国际奥委会对印度尼西亚的错误制裁,在印尼总统苏加诺强有力的号召和发起下,第三世界国家决定共同举办属于自己的新兴力量运动会。②中国是新兴力量运动会的创始国之一,更是坚定和有力的支持者。为保障第一届新兴力量运动会如期召开,中国政府无偿为印度尼西亚援建了一座体育场馆,援赠了价值10万元的体育器材和3000套餐具③,还主动承担了非洲国家相关人员的往返路费,真正体现了奥林匹克理想和万隆会议精神相结合的新兴力量运动会的宗旨。

① 石林:《当代中国的对外经济合作》,北京:中国社会科学出版社,1989年,第31页。
② 王军等:《第1届新兴力量运动会50年忆》,《体育文化导刊》2014年第8期。
③ 谷雨:《黄中同志回忆:周总理等老一辈革命家关怀新运会二、三事》,《体育文史》1986年第1期。

1963年9月1日,北京体育学院①向阿尔及利亚的体育主管部门无偿援助了一大批体育器材,由中国驻阿尔及利亚大使代其转交。②1964年4月、11月,国家体委分别向加纳阿迪隆德尔学院、古巴全国体育运动文娱委员会无偿援赠了一批体育器材,由中国驻外大使代其转交。③中国提供的无偿援助是不附带任何条件的,体现了"国际义务我们必须承担"的豪迈气概,发扬了"相互支持、相互援助"的国际主义精神。

4.2.1.2 体育对外援助的发展与挫折阶段(1965—1970年)

1965年1月,国家体委援外办公室正式挂牌成立,以推动体育对外援助的顺利实施。④1965年,中国与53个国家和地区进行了158场体育对外交流活动,体育对外援助范围逐步扩大,受援国数量日渐增多。⑤随着中苏关系的破裂,中国调整对外战略,采取依靠第一中间地带国家、争取第二中间地带国家的灵活策略,开始全面参与国际体育援助,成为世界舞台中不可小觑的体育援助力量。⑥在援外办公室的高效执行与有序管理下,无偿援赠体育器材装备相继到位,援派体育教练的人数陆续增加,中国体育对外援助得到了快速发展。

1966年6月24日至27日,应坦桑尼亚官方提出的援助请求,由中国政府援建的桑给巴尔体育场,经国务院批准而正式确认。这项工程是在国家体委的统筹安排下,由北京工业建筑设计院负责设计,上海市建工局承担具体的施工任务。⑦坦桑尼亚政府对此项工程十分重视,时任总统尼雷尔专程前往桑给巴尔市,出席体育场的开工奠基典礼仪式,并亲手砌了具有象征意义的奠基砖。此项工程的主体是一座体育场,同时修建运动员公寓和附属设施,为推动坦桑尼亚体育基础设施完善,促进东非地区体育国际交流发挥了积极作用。整个项目是我国以优惠贷款方式援建的,打开了中国体育对外援助合作的大门,是一次以合作方式推动援助的成功尝试。由此,中国体育对外援助由完全的无偿援助方式转为"无偿援助主导、援外合作辅助"的方式。

---

① 1952年中央体育学院筹建,1956年更名为北京体育学院,1993年更名为北京体育大学,是中华人民共和国成立后国务院确定的首批重点院校。

② 中国体育年鉴编辑委员会:《中国体育年鉴1963》,北京:人民体育出版社,1965年,第34页。

③ 中国体育年鉴编辑委员会:《中国体育年鉴1964》,北京:人民体育出版社,1965年,第43页。

④ 俞大伟、袁雷、郑元男:《中国体育对外援助运行体系研究》,《北京体育大学学报》2017年第1期。

⑤ 刘京:《我国体育对外援助教练工作的现状与对策研究》,北京:北京体育大学,硕士学位论文,2006年,第15页。

⑥ 俞大伟:《20世纪70年代中国体育外交的历史回顾》,《体育文化导刊》2014年第5期。

⑦ 郭体元:《我国援外体育场、馆建筑》,《体育文史》1983年第1期。

1966年开始的"文化大革命",使国内经济遭受巨大损失,内政与外交也受到重创,各行业系统均处于混乱无序状态。即便是在如此艰难的情况下,我国仍于1966年12月帮助坦桑尼亚扩建国家体育场内的原有设施,耗费的工程费用高达12万英镑。[1]1967—1970年,援建中的桑给巴尔体育场被迫停工并延期交付,外派体育援助教练在1969年也不得不中断,共计只有5名教练员被象征性派出[2],中国体育对外援助受到了重创(见表4-3)。

表4-3 1967—1970年体育援外教练的执行情况

时间	外派国家	外派人数/人	国家性质	地理位置	备注
1967年	刚果(布)	1	民族主义国家	非洲	
1968年	柬埔寨	2	民族主义国家	亚洲	
1969年					中断
1970年	尼泊尔	1	民族主义国家	亚洲	
	几内亚	1	民族主义国家	非洲	

资料来源:国家体委:《中国体育年鉴(1949—1991)》(精华本上册),北京:人民体育出版社,1993年。

4.2.1.3 体育对外援助的急增与回落阶段(1971—1977年)

1971年,中国政府外派体育教练工作有所恢复,在6月至9月相继派出了7名体育援外教练员。[3]1971年10月25日,联合国恢复了中国理应拥有的一切权利。在成为联合国安理会常任理事国成员后,与中国建立外交关系的国家与日俱增。1973年,对外援助派出体育教练员的数量,从年均个位数字快速增加到35人,创造了中华人民共和国成立以来外派规模的新高。

1970年,中国体育对外援助的决算金额只有307119.58元。[4]在国家体委《有关援外方面的请示》报告中,政府于1971—1973年向数十个第三世界国家提供了巨额的无偿体育援助。其中,向尼泊尔无偿援建了一座可容纳3.5万人的体育场设施,把最先进的游泳馆设计方案送给了阿尔巴尼亚,在对外经济援助贷款的全面扶持下,为埃塞俄比亚援助建设了成套体育项目,有些工程跨越的年限较长、涉及金

---

[1] 杨冬峰、刘绍龙、杨冬威:《浅谈中国体育对外援助》,《体育世界(学术版)》2010年第6期。

[2] 国家体委:《中国体育年鉴(1949—1991)》(精华本上册),北京:人民体育出版社,1993年,第341页。

[3] 国家体委:《中国体育年鉴(1949—1991)》(精华本上册),北京:人民体育出版社,1993年,第341—342页。

[4] 1970年体育对外援助的决算金额,是笔者根据中国体育档案馆的相关资料进行详细整理与统计而得出。

额巨大。因此,体育对外援助金额从1971年开始急剧增加,1972年体育援外成套项目财务决算的批复,就已经达到了1457201.69元人民币,1975年体育对外援助的支出预算,更是高达900万元[1](见图4-7)。

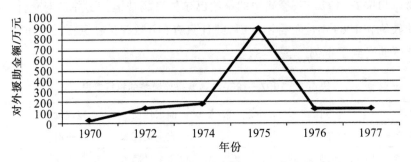

图4-7　1970—1977年体育对外援助的支出情况

1973年,国务院开始关注对外援助金额在财政支出中的份额。周恩来总理在该年2月召开的外事会议上强调:"中国目前还是发展中国家,力量有限,今后只能有重点地、适当地进行对外援助。"[2]1975年4月,中共中央决定降低对外援助的支出比例,压缩对外援助所占的财政份额,因此,特别发出通知强调:"中国援外金额占财政支出的比例,在'一五''二五'期间为1%多一点……到1972、1973、1974年分别上升到6.7%、7.2%、6.3%,超过了国力所能够负担的程度。……中央决定:在'五五'计划时期,将援外金额占财政支出的比例,由'四五'时期预计的6.3%降至5%以内。"[3]1976年,体育对外援助的支出预算下降至1344990.68元。[4]1977年9月,中共中央转发了对外经济联络部党组《关于进一步做好援外工作的报告》,强调:"随着中国对外关系的迅速发展,要求援助的发展中国家越来越多,提出援助的要求越来越高,但国家财力物力有限,力不从心。建议今后如无特殊情况,援外金额占财政总支出的比例,以不超过4%为宜。"[5]因此,1975年开始,中国体育对外援助工作出现了大幅度的回落。

---

① 1972年体育援外成套项目财务决算的批复资料,1975年体育对外援助的支出预算等数据,来源于中国体育档案馆。
② 中共中央研究室:《周恩来年谱(1949—1976)》(下卷),北京:中央文献出版社,2007年,第591页。
③ 房维中:《中华人民共和国经济大事记(1949—1980)》,北京:中国社会科学出版社,1984年,第544页。
④ 1976年体育对外援助的支出预算,是笔者根据中国体育档案馆的相关资料进行详细整理与统计而得出。
⑤ 房维中:《中华人民共和国经济大事记(1949—1980)》,北京:中国社会科学出版社,1984年,第586页。

4.2.2 从无偿转向合作的过渡时期(1978—1986年)

4.2.2.1 改革开放推动了体育对外援助经济因素的凸显

1978年12月,党的第十一届三中全会顺利召开,提出了改革开放的重大决策,明确了经济建设的发展重心。在国家战略重点转向经济发展,外交要为国内经济建设服务的大背景下,中国体育对外援助的运行方针有所调整,突出了"平等互利、形式多样、讲究实效、共同发展"的原则。[①]改革开放前,中国政府应受援国提出的诸多要求,援建了一大批"纪念碑"式的体育场馆,虽然无息贷款、低息贷款等合作形式陆续推出,但其中无偿援助部分涉及的金额仍十分巨大。同时,体育场馆设施在前期建设中的投入资金相当可观,竣工使用后的维修保养费用比较昂贵,在日常运营中使用效率却不甚理想,若仍盲目和大量援建此类项目,势必造成国家财政损失和援助资金的浪费。因此,中国政府从现实情况出发,及时调整体育对外援助策略,提出原则上不再无偿援建"楼、堂、馆、所"这类大型成套的体育项目,以便更加有效利用体育对外援助资金,充分发挥体育对外援助的功能和作用。[②]

1980年,殖民体系面临最后的崩溃和瓦解,绝大多数民族国家获得了独立,国家发展的重任从民族解放向提升经济实力转变,中国体育对外援助的经济因素逐渐凸显。体育对外援助涉及的经济因素,主要体现在成本投入和实践回报两个方面。成本投入方面,在谨遵量力而行原则的前提下,体育对外援助筹集资金的形式有了创新。实践回报方面,体育援外教练员的待遇有所提高,有偿外派活动逐渐增加。1985年5月4日,中国女排、男篮、足球等项目的国家队利用"五四"青年节举办义务表演赛,为援助非洲灾民积极募捐。[③]

4.2.2.2 重返国际奥委会促进了国际体育组织对中国体育援助的支持

20世纪70年代中期开始,中国重新迈出了与国际体育组织恢复关系的步伐,重返奥林匹克大家庭被摆上了议事日程。[④]1978年10月16日,中国驻泰国大使代表中国奥委会,在曼谷向世界羽毛球联合会赠送了600打中国制造的羽毛球。[⑤]羽毛球如洁白的和平鸽,向世界传递着中国人民对友谊的追求与和平向往。根据"一

---

① 赵紫阳:《对非经济技术合作四项原则》,《人民日报》1983年1月15日。
② 俞大伟:《我国体育对外援助的历史回顾》,《北京体育大学学报》2010年第8期。
③ 国家体委:《中国体育年鉴1986》,北京:人民体育出版社,1988年,第17页。
④ 罗京生、张秀萍:《中国重返奥运大解密》,《中华读书报》2012年6月6日。
⑤ 中国体育年鉴编辑委员会:《中国体育年鉴1978》,北京:人民体育出版社,1981年,第22页。

国两制"的构想,中国奥委会创造性地提出了"奥运模式",恰当处理了大陆和台湾在国际奥委会中的合法席位之争,妥善解决了长期存在的历史矛盾问题。[①]1979年11月26日,在发展中国家的广泛倡议和友好支持下,中国奥委会重返奥林匹克舞台,全面参与国际体育事务,与国际体育组织的联系日益密切,双方的深入交流合作进入一个全新的阶段。

随着国际体育交往的不断深入,国际体育组织对中国体育对外援助给予了充分肯定,认识到中国承担国际体育责任的重要性,并致力于提高中国体育对外援助的执行能力。从1982年开始,国际奥委会和国际单项体育组织加大了对中国的体育援助。1982年,国际奥委会团结基金委员会、国际足联、国际田联、国际冰联等分别派高级教练员来中国讲学和培训。1983年9月16日,中华全国体育总会在上海举行常委会议,一致同意接受国际奥委会主席萨马兰奇提出的赞助中国奥委会举办群众性马拉松竞赛活动的建议。[②]1984年1月,国际奥委会团结基金委员会在东京举办亚洲游泳教练员训练班,中国积极配合并派出两名教练员前往参加。[③]到1984年,中国已加入国际体育组织52个,并在其中15个组织中担任领导职务;加入亚洲体育组织28个,并在其中20个组织中担任领导职务。[④]1985年10月19日至29日,全国手球教练员训练班在上海举办,国际奥委会团结基金委员会拨款资助该训练班,并派教练员和方法委员会主席为训练班讲学。[⑤]国际体育组织不断加强对中国的体育援助,旨在促进中国体育事业的快速发展,推动中国体育对外援助能力的提升和作用的扩大。

4.2.2.3 淡化意识形态色彩扩大了对发达国家的体育援助

体育对外援助是冷战背景下的产物,一度成为拉拢盟友的重要外交工具,其意识形态色彩比较浓重,政治诉求的比重相对较大。1978年开始,我国政府淡化外交活动中的意识形态色彩,在继续保持对社会主义国家的体育援助的同时,扩大与资本主义国家的体育对外交流。首先,填补了对美国、日本、英国等发达资本主义国家体育援助的空白,保持了对丹麦、瑞典、冰岛等北欧资本主义国家体育对外援助的规模和扩展势头,具体表现在援助教练员外派人数的递增(见图4-8)。其次,

---

① 孙葆丽、杨文学、肖龙:《奥运模式的产生》,《体育文史》2000年第5期。

② 张彩珍:《中国体育年鉴(1983—1984)》,北京:人民体育出版社,1987年,第32页。

③ 国家体委:《中国体育年鉴1985》,北京:人民体育出版社,1987年,第4页。

④ 祝莉、唐沛:《中国体育外交六十年:回顾与展望》,《体育文化导刊》2009年第12期。

⑤ 国家体委:《中国体育年鉴1986》,北京:人民体育出版社,1988年,第47页。

改变了对少数国家的集中援助,增加了对亚洲国家和贫穷国家的重点援助,扩大了对欧洲与北美洲经济发达国家的体育援助。同时,中国体育对外援助的范围不断延伸,扩展了向大洋洲岛国体育的支持,受援国家分布世界各地。到了20世纪80年代中期,中国的外交空间已完全拓宽,与所有的资本主义国家都成功建交,为稳定国际政治格局、维护世界和平发挥了重要作用。①

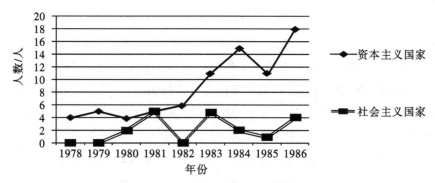

图4-8 1978—1986年我国体育援外教练派往资本主义国家

和社会主义国家的情况

20世纪80年代末,中国体育人才的国际交流更为频繁,出现了强劲的"出国热"和"留学潮"。②在这股热潮的带动下,一些有实力的退役运动员或现役教练员,凭借杰出的运动成绩和知名的社会影响力,获得了出国留学或海外任教的机会,长期活跃在海外体坛和竞技赛场上,成为效力于其他国家体育组织的"海外兵团"。③发达国家的经济综合实力相对领先于发展中国家,在体育技术人员的工资待遇上有着明显优势,所以"海外兵团"的数量有增无减,成为体育对外援助中民间力量的重要补充。在体育援外教练"走出去"的同时,将国外体育人才适当"请进来",接受发达国家的体育援助,成为中国体育对外援助值得借鉴的重要内容。国外一些优秀教练员越来越多地到中国执教,在艺术体操、拳击、摔跤、柔道等项目的国家队中,就有来自挪威、加拿大、奥地利、美国、日本等国的教练员。④这些外教带来了前沿的科研理念和训练方法,对中国竞技体育发展有着重要的推动作用,更加促进了中国体育对外援助的有效实施。

---

① 张雯:《建国后:41年间与130多个国家建立外交关系》,《党建》1990年第10期。

② 叶匡政:《1993年流行词:出国热》,《观察与思考》2009年第1期。

③ 武晓敏、赵犇:《体育海外兵团研究》,《体育文化导刊》2010年第5期。

④ 雷欣:《保持中国体育大国地位与引进外教关系的探讨》,《青海师范大学学报(哲学社会科学版)》2012年第4期。

4.2.2.4 "南南合作"理念拓展了体育对外援助合作

20世纪80年代,"冷战"对峙中的美苏争霸互有攻守、各有得失,国际力量对比呈均势。随着外部军事威胁的逐渐减弱,中国的安全环境随之好转,已不再需要建立一个反对美国或苏联的国际统一战线,曾经被视作争取同盟手段的体育对外援助,拓展为合作理念下建立国际政治经济新秩序的重要途径。[①]不同地域间进行发展合作的类型有两种,一种是"南南合作",另一种是"南北合作"。南南合作代表发展中国家之间的经济交流,南北合作代表发展中国家与发达国家的经贸往来。[②]相对而言,北方国家发达富裕,南方国家贫困落后。在发展中,南方国家的人民需要改变贫困和落后状况,南方经济更需要向北方市场拓展。在"南南合作"理念的推动下,为帮助受援国发展体育事业,中国一方面坚持无偿体育对外援助,另一方面逐渐加强了对发展中国家的体育对外援助合作。例如,在体育援外项目上,增加了具有经济合作性质的短期援助,如裁判员外派、体育专家出国讲学等;在体育人力资源培训中,及时对交付使用的体育援外场馆设施进行管理培训和技术指导的援助合作。中国在摩洛哥首都援助建设的拉巴特体育中心,是一座大型的综合性体育项目,拥有能够容纳6万人的体育场、8000人的体育馆和附属的训练场地等设施,为摩洛哥举办地中海运动会创造了良好的条件,为地中海区域发展中国家的交流与合作搭建了平台。摩洛哥首相称赞这项工程"是非常杰出的成就,是中摩友谊的结晶,南南合作的方向,是我们的骄傲,也是中国的骄傲"[③]。在拉巴特综合体育中心举行开幕庆典时,满场的五星红旗和"苏莱曼之印"在宏伟的建筑上方随风招展,当中国体育援外技术专家步入会场,全场观众纷纷起立鼓掌,向中国政府和人民表达感激之情。

4.2.3 体育援外合作主导时期(1987年至今)

4.2.3.1 体育对外援助的改革与调整阶段(1987—1997年)

1987年以前,我国的体育援外教练工作秉承国际主义的无私精神,是对发展中国家的无偿援助,是国家财政预算的一项战略支出。[④]1986年11月21日,国家

---

① 陶季邑:《美国关于中国20世纪80年代独立自主对外政策的研究》,《武汉科技大学学报(社会科学版)》2013年第3期。

② 黄梅波、唐露萍:《南南合作与中国对外援助》,《国际经济合作》2013年第5期。

③ 国家体育总局:《改革开放30年的中国体育》,北京:人民体育出版社,2008年,第327页。

④ 体育总局培训中心:《中国体育科学发展研究》,北京:北京体育大学出版社,2010年,第70页。

体委为保证我国派出的体育援外教练、翻译以及其他工作人员在生活和教学上的合理需要,与财政部研究制定并发布了《关于体育援外教练人员经费收支管理规定》。文件对受援国应承担的经费做了说明:"聘请国根据我国教练的技术水平和声望,经双方协商,提供的工资和待遇原则上应不低于该国聘请其他国家相近水平的教练、教师或专家的工资和待遇。聘请国经济上确实有困难,工资、待遇最低也不能低于该国同行业人员的实际工资收入水平。"此项规定意味着从1987年1月1日开始,中国体育援外教练人员的国外待遇部分,不再接受国家财政的专项补贴,完全采取自收自支的管理体制。体育援外教练人员的主要收入和经济来源发生了变化,从完全无偿援助转变为部分无偿援助,并逐步转向援外合作,标志着中国体育对外援助由无偿援外主导转向援外合作主导。与此同时,为了规范与加强体育援外教练的选派和管理工作,国家体委于1987年成立了援外教练办公室这个专业部门。[①]

体育对外援助合作的方式被逐渐突出,但向贫穷落后国家无偿赠送体育器材装备,仍是中国体育对外援助的重要工作。1989年7月29日,国家体委将一批乒乓球、乒乓球网和乒乓球拍,无偿援赠给扎伊尔乒乓球协会,由中国驻扎伊尔大使在金沙萨代其转交。[②]1991年2月20日,中国奥委会向斯里兰卡无偿援赠了一批体育器材,由中国驻斯里兰卡大使在科伦坡代其转交。[③]

随着中国经济实力的逐步提升,体育对外援助规模日益扩大。相辅相成的是,体育对外援助规模的持续扩大,促进了中国经济的快速发展。在体育对外援助的外交沟通下,越来越多的中国企业进入国际市场,获得了丰富的承包工程和劳务合作业务。中国与受援国之间的贸易额随之提高,体育对外援助与经济建设呈现出相互促进的和谐关系。[④]1991年,在对外经济贸易部和国家体委的联合运作下,国家体委援外办公室改制注册为中国体育国际经济技术合作有限公司(简称中体国际)。中体国际以企业化管理进行市场化运作,专门从事境外体育基础设施的援建工作。由企业单位承担国家体育对外援助的重任,是政府职能转换的突出表现形式,也是中国体育对外援助改革的尝试。1992年,市场经济体制建立,国家体委发布了体育事业"八五计划",明确提出"积极完成体育援外任务,进一步扩大体育创汇"的方针。1995年5月16日,国务院下达了《关于改革援外工作有关问题的批

---

① 侯桂明:《我国体育援外教练研究》,《体育文化导刊》2014年第11期。

② 张彩珍:《中国体育年鉴1990》,北京:人民体育出版社,1992年,第24页。

③ 国家体委:《中国体育年鉴(1992—1993)》,北京:人民体育出版社,1998年,第9页。

④ 熊青龙、黄梅波:《对外援助能促进国际贸易吗》,《国际经贸探索》2014年第10期。

复》，开始实行政府贴息的全新优惠贷款模式，为体育对外援助创造了更多的资金来源。1996年3月6日至8日，在昆明召开了体育援外教练工作座谈会，来自21个相关单位和部门的代表共计45人出席，对40余年的中国体育对外援助进行总结，讨论了具体工作中存在的问题，进一步落实了国家体委关于体育援外工作的文件精神，研究了加强管理的对策与方案。经过两年的实践检验，国家体委于1997年12月22日颁发了《体育外事工作管理规定》，以加强体育对外援助的宏观调控和指导。在一系列政策推动下，中国体育对外援助有序改革并适时调整。

4.2.3.2　体育对外援助的细化与深化阶段（1998—2007年）

1998年3月，国务院进行第四次政府机构改革，希望建立高效灵活、运行稳定、有序规范的，具有中国特色的政府行政管理体系，以适应社会主义市场经济的发展。国家体委改组成立国家体育总局，援外教练办公室更名为人力资源开发中心。在政府积极推进改革深化的背景下，行政运行体系得以逐步完善。中体国际主要负责体育场馆设施的援建，人力资源开发中心具体操作体育援外教练的派出事宜，对外联络司全面协调体育器材装备的援赠。由此，在国家体育总局的专门负责下，在各个司局、直属单位与省市部门的配合下，中国体育对外援助形成了专业细化、多轨并行的新局面。

2000年9月，联合国全体成员国一致通过了旨在将全球贫困水平在2015年前降低一半（以1990年的水平为标准）的行动计划，统称为"千年发展目标"。中国为进一步完成千年发展目标，应对经济全球化挑战，谋求世界的共同发展，与建交的50个非洲国家联合发起倡议，推动了中非合作论坛多边援助机制的正式设立，该论坛每隔三年举办一次。2006年11月4日，"中非合作论坛北京峰会"在人民大会堂热烈开幕，胡锦涛强调了中非合作需要加强的领域，确定了具体采用的八项政策措施，并着重指出："今后要加强教育、科技、文化、卫生、体育、旅游等领域的交流合作，为中非合作提供精神动力和文化支持。"同时，非洲国家从多年积累的减贫经验出发，希望外部资金更多地与非洲深化援外合作关系，而不是简单接受无偿对外援助。非洲国家十分渴望提高自身的"造血"功能，中国也想充分利用国内与国际两个市场及两种资源来推动企业"走出去"发展。为了适应中非发展的需要，作为对非务实合作八项政策措施之一的"中非发展基金"，于2007年6月26日正式启动，意在鼓励中国企业更多地到非洲进行援外合作，为千年发展目标的实现贡献力量。①

---

① 迟建新：《中非发展基金——深化中非经贸合作的桥梁》，《国际商报》2007年11月5日。

截止到2007年,中国政府共向161个国家及国际组织提供了体育援助,建设了2000多个基础性的体育公共项目,无偿援助了大量的体育器材装备。[①]其中,为50多个发展中国家援建了70多个体育场馆设施,并提供定期维修扩建服务和长期技术合作。[②]艰辛的体育对外援助取得了辉煌的成果,体现了中国倡导的和平外交政策与对外援助八项原则的精神,兢兢业业的体育援外教练人员成为中外友好交流的先锋,别具风格的体育援外场馆设施项目成为中国承担国际责任的历史见证。

4.2.3.3　体育对外援助的多元合作阶段(2008年至今)

2008年,第29届夏季奥运会在中国首都北京召开,中国体育代表团以优异的成绩荣登金牌榜首位,成为奥运史上首次登顶的亚洲国家。奥林匹克运动的意义已经远超体育范畴,成为宣传国家政策、传递民族文化、开展体育对外援助合作的重要平台。国家体育总局有效落实外事精神,积极部署具体工作,通过建设赛前接待中心、接受来华训练等合作形式,为广大受援国提供了无私的援助。

北京奥运会后,中国竞技体育实力得到了国际社会的充分肯定,为体育对外援助的开展增添了力量。很多国家渴望与中国开展体育交流与合作,特别是一些竞技体育水平相对较低的亚非拉发展中国家,希望中国更多地进行体育对外援助,以提高其竞技水平和运动成绩。中国的许多驻外使馆希望有关部门全力配合与支持国家的外交工作,国家体育总局更是通过实际行动,签署了多样性的体育援外合作协议。"为2009年玻利瓦尔运动会提供技术支持;为老挝全力办好2009年东南亚运动会,在接受运动员训练、体育器材装备和兴奋剂检测上给予援助;与哥斯达黎加在体育医疗、教练员培训方面展开更多的合作;与亚美尼亚在体育人才的培养上进行交流,为其提供经验丰富的技术合作;与朝鲜在体育科研、体育教学、体育产业等方面进行更多的友好交流与深化合作;与摩洛哥的体育交往进一步加温,为即将落成的马格特体育场提供器材及人力资源上的援助;在大型体育场馆的赛后利用,体育人才培养与训练的合作方面,向萨摩亚提供技术援助。"[③]借助北京奥运的东风,中国体育对外援助向多元合作的方向发展。

2013年6月5日,国家主席习近平在墨西哥国会参议院发表演讲时特意提到在中国教练的指导下,墨西哥"跳水公主"埃斯皮诺萨和队友们收获了2011年泛美

① 曹彧:《中国援外体育项目竖起丰碑》,《中国体育报》2006年11月6日。

② 体育总局培训中心:《中国体育科学发展研究》,北京:北京体育大学出版社,2010年,第69页。

③ 袁伟民:《中国体育年鉴2010》,北京:中国体育年鉴社,2011年,第43页。

运动会跳水项目的全部冠军,尝到了包揽金牌的滋味。①在政府职能转变的大背景下,在体育管理组织转型的关键时期,以体育为手段、以合作为主导方式的援助,必将引导中国体育对外援助走上正确的、科学的、可持续的发展之路。

4.3　从外交到内政:中国体育对外援助运行机制的贡献

4.3.1　无偿体育援外主导时期的突出贡献

4.3.1.1　维护了国家核心利益

现实主义理论认为,对外援助的直接受益方是受援国,但援助国通过人力交往与资源流动,也会从中受益。周恩来总理提出:"新独立的亚非国家一方面需要自力更生,发展独立的民族经济,另一方面也需要在平等互利的基础上,同其他国家进行友好合作。一切援助都是相互支持的,都应该完全符合平等互利和互不干涉内政的原则。决不允许利用援助进行控制、掠夺、干涉甚至颠覆。"②中国全力帮助社会主义国家进行国内建设,全面支援民族国家完善经济制度,增强了各国人民团结反帝的力量。无偿体育对外援助成为国际社会了解中国的平台,援派体育教练成为中国与亚非拉发展中国家相互联系的纽带,援建体育场馆设施被看作双方友谊的象征。亚非拉各国人民反对帝国主义的斗争,和中国人民的立场是完全一致的,而这些国家处在反帝斗争的前沿阵地,对其进行援助能有效遏制帝国主义的侵略和扩张。

4.3.1.2　支持了民族解放运动

20世纪60年代,英法等老牌资本主义强国的综合实力大为削弱,殖民地、半殖民地的民族解放运动汹涌澎湃,民族民主力量日益强大,帝国主义殖民体系已开始走向瓦解。③国家要独立、民族要解放、人民要革命,成为引领时代的潮流,国际政治舞台出现了有利于新兴力量发展的根本变化。无论是在民主革命时期还是中华人民共和国成立初期,来自外国的大量援助对中国都至关重要,为取得革命的伟大胜利和奠定社会主义建设的工业基础发挥了巨大作用。中国人民永远不会忘记,

---

①《习近平在墨西哥国会就中墨、中拉关系发表演讲:促进共同发展　共创美好未来》,《光明日报》2013年6月7日。

②　周恩来:《周恩来外交文选》,北京:中央文献出版社,1990年,第394页。

③　韦宗友:《殖民体系、后殖民体系与大国崛起》,《国际展望》2013年第6期。

在民主革命和经济建设的道路上,世界各国人民给予了无私的支持和帮助,这也使中国人民充分认识到,正在经受压迫、渴望翻身做主的人们是多么需要外部的援助。

1964年,在王幼良和王义润两位组长带领下,由8人组成的体育援外专家团,前往越南民主共和国进行体育援助。①在热带地区酷暑的生活环境里,在隐蔽山林工作的艰苦条件下,在随时要躲避飞机轰炸的战争中,体育援外专家不但要坚持奋战在教学的第一线,按时完成国家体育对外援助任务,还要亲自去挑水种稻、生火做饭,以维持日常生活,开展体育对外援助的困难无法形容。无产阶级奉献精神推动他们勇往直前,体育援外专家坚信这场正义的战争终究会以越南人民的胜利而结束。②这时,正值越南抗击美国入侵的艰难时期,这一援助是对越南民族解放运动的一种支持,也是中华民族珍惜友邻之情的实际行动。

由于苏联坚持大国沙文主义政策,直接导致中苏关系走向决裂,而美国敌视中国的政策依然如故,因此,在世界民族解放运动火如荼进行的重要阶段,作为仅次于苏联的第二大社会主义国家,中国认为有责任扛起社会主义阵营的大旗,推动世界各族人民进行“世界革命”。③在互为对立的资本主义和社会主义阵营之外,存在着一个广阔的“中间地带”,体育对外援助的主要任务,就是争夺处于“中间地带”的国家。这段时期,中国在没有接受任何外援的情况下,既大力支援受到美苏侵扰的发展中国家,也全力资助得不到苏联援助的民族解放组织。这种倾尽全力的无偿付出,有效支援了第三世界国家和人民的反帝国主义、反霸权主义斗争,推动了世界民族解放运动的蓬勃兴起,加速了帝国主义殖民体系的崩溃,有效维护了周边安定及世界的和平发展。

4.3.1.3 获得了国际社会的普遍认可

在军事行动上,妄图构筑包围圈以打击中国的阴谋屡屡失效,标志着美国对华军事政策的彻底失败,不甘心的美国政府仍然顽固支持台湾当局,单方面地固执捏造“台湾地位未定”论,拒绝承认新中国的合法身份。④在国际舆论上,疯狂叫嚣共产党领导的人民政权不能长久,破坏一些国家与新中国建立外交关系。在国际组织会议中,联合一些发达资本主义国家共同反华,不断阻挠恢复新中国在联合国的合法

① 俞大伟、袁雷、郑元男:《中国体育对外援助运行体系研究》,《北京体育大学学报》2017年第1期。
② 《红旗》杂志编辑部:《列宁主义万岁——纪念列宁诞生90周年》,《红旗》1960年第5期。
③ 于成瑶:《毛泽东时代中国的世界革命观念》,北京:中国人民大学,硕士学位论文,2010年,第84页。
④ 余子道:《旧金山和约和日蒋和约与美日的“台湾地位未定”论》,《军事历史研究》2002年第1期。

席位。①帝国主义肆意散布的负面言论,造成了个别新兴的人民民主国家对新中国政权能否巩固持怀疑态度。作为一个初登国际舞台的主权国家,与各国建立良好的双边外交关系,争取国际社会的了解与承认,是其体育对外援助非常重要的任务。

国际社会的认可会带来和平发展的良好环境,有利于中国政府发展民族经济,完成社会主义建设这个历史重任。在急需大量资金恢复国民生产,进行国内经济建设的困境下,中国政府仍然舍身为友、倾囊相助,给非洲国家援建了大型体育场馆,在国家财政专项补贴下援派了数量众多的体育教练员,为发展中国家无偿援赠了不计其数的体育器材装备,帮助受援国完善体育基础设施、发展民族体育事业、改善人民生活环境。1971年10月25日,以阿尔巴尼亚和阿尔及利亚为代表,由23个发展中国家提交的议案获得通过,中国突破了以美国为首的西方国家的围追堵截,成功加入联合国大家庭。中国体育对外援助充分体现了国际主义思想和共产主义情怀,传递了中华民族的真诚友好态度,提高了中国在国际社会的良好声誉。

对发展中国家提供的体育对外援助,让西方国家对中国有了较为深刻的了解,认识到中华民族在世界大家庭的重要位置。1971年,中国政府邀请美国乒乓球运动员访华,世界新闻媒体全程跟踪报道,将包容开放的中华民族展现在众人面前。②1972年,中国乒乓球代表团回访美国进行交流,将充满朝气的中华文化带到美国人民身边。③国际体育组织与中华全国体育总会尝试恢复已经中断了20余年的联系,使中华人民共和国重返奥林匹克赛场。中国政府积极与世界各国保持沟通,通过民间交流渠道与官方外交途径,逐渐与西方资本主义国家建立外交关系,有序派出体育援外技术人员,日益获得世界各国民众的广泛认同。

4.3.2 从无偿转向合作的过渡时期的突出贡献

4.3.2.1 加强了中国传统文化的传播

武术是中国传统文化的精髓,是中华民族五千年文化的瑰宝。从1981年开始,中国武术教练走出国门,被派往世界各地④,更多的是前往加拿大、日本、英国、

---

① 高秀清:《在中国重返联合国历程中美日等国所实施的阻挠策略浅议》,《东北亚论坛》2002年第3期。

② 徐君伟:《论中美乒乓外交发生的历史逻辑及现实启示》,《南京体育学院学报(社会科学版)》2015年第5期。

③ 俞大伟、张晓义、罗琳:《挑战与机遇:18年一个节点的中国体育外交"三部曲"》,《南京体育学院学报(社会科学版)》2016年第2期。

④ 国家体委:《中国体育年鉴1982》,北京:人民体育出版社,1984年,第140页。

新加坡、瑞典等资本主义国家。配合中国武术教练的短期出国讲学,向受援国武术协会援赠体育器材装备,加强了中国传统文化的传播与宣传。1984年12月12日至22日,联合国教科文组织政府间体育运动委员会秘书长亨利·迪尤泽德,受联合国教科文组织总干事阿马杜·马赫塔尔·姆博的委托访问我国,对其1983年8月与有关部门签署的备忘录中帮助中国发展体育项目条款的落实情况,进行详细了解、具体分析和深入探讨。在访问中,他就如何发掘、保护和发展中国传统体育项目,以及中国武术项目在世界范围内的普及开展,提出了针对性建议。①

体育援外教练员凭借工作性质的优势,与受援国各个阶层都有广泛的接触,为广交朋友、深交朋友创造了有利条件。他们以精湛的技艺、良好的作风,在很短的时间内就取得出色成绩。日积月累,朋友越交越多,友谊与日俱增。富庶的文莱是与中国最后建交的亚洲国家,文莱苏丹的亲兄弟是该国的外交大臣,他酷爱中国武术。中国驻文莱大使获悉此事后,多次打电话与国内进行沟通,全力促成政府援助派出武术专业的精英。②很快,一位优秀的武术教练员被派往文莱工作,对该外交大臣进行各种武术套路的耐心指导。通过武术援外教练员的沟通联系和桥梁作用,中国使馆加强了与文莱的文化交流,大大增进了两国人民的友谊。这是一起典型的体育对外援助促进官方外交的事例。

随着中国武术在世界范围内的推广与普及,每年都有数不清的外国友人来中国,学习武术、太极拳等中华民族传统体育项目。还有一些规模较大的武术团体和组织,经常选派优秀选手来中国集训并接受指导,以备战国际或国内的武术赛事。一些国家组建了自己的武术协会,在全国范围内发展了多个教学点,培养了自己的武术教练,吸收了数千名有着浓厚兴趣的学员,深化了世界人民对武术内涵的认知,推动了中华民族优秀传统文化的弘扬与传播。

4.3.2.2　配合了国家外交大局的需要

体育援外教练的工作优势突出表现在内外互动,很多援外协议是通过中国驻外使馆代签的。体育援外教练承担着国家的援外任务,是传授高超体育技能、传播中华体育精神的使者,与受援国专家享受平等的福利待遇。他们勤劳刻苦的敬业态度、脚踏实地的工作热情、一丝不苟的执教风格、收效显著的体育成绩,赢得了社会各界的尊敬和爱戴,被誉为“民间外交大使”,为推广和落实外交工作发挥了独特

---

① 国家体委:《中国体育年鉴1985》,北京:人民体育出版社,1987年,第44页。
② 俞大伟:《中国体育援外教练工作研究》,《体育文化导刊》2012年第5期。

作用。[1]

苏师尧教练1975年赴科威特进行援助,在执教的4年时间中,聘期一续再续,不断延长。[2]仅仅在他离开科威特回国后不久,科威特体操协会秘书长就拜会了中国驻科威特大使馆,并且专程来华与国家体委有关部门沟通,急切要求再次续聘苏师尧教练。为了维护国家外交大局,苏师尧教练毅然重返科威特,继续埋头苦干、辛勤耕耘6年,推动了科威特体操事业的蒸蒸日上。在率队征战国际赛事的紧张工作之余,苏师尧教练帮助体操队员编写完成了阿拉伯世界第一部体操教科书,在整个阿拉伯地区产生了深远的影响,增进了中科两国的友谊。[3]

中国体育对外援助得到了各方的肯定和赞誉,根源在于中国始终以对外经济技术援助八项原则为指引,其中的"根据平等互利的原则对外提供援助""严格尊重受援国的主权,绝不附带任何条件,绝不要求任何特权"两条原则,受到了国际社会的广泛认可。1985年8月,坦桑尼亚总统尼雷尔称赞道:"无论是在给予我国巨大的经济和技术援助中,还是我们在国际会议的交往中,中国从来没有一丝一毫要左右我们的政策,或损害我们国家主权和尊严的企图。"[4]

4.3.2.3 受到了国际奥委会的表彰

中国政府援建的体育场馆设施,都是符合国际标准的高质量工程,很多援建项目成为受援国当地的标志性建筑。[5]体育援外场馆设施为当地民众提供了良好的体育锻炼场所,多次被用于承办地区性和洲际性体育赛事,得到了受援国政府和人民的一致好评。中国援外工程技术人员怀着真诚愿望,帮助发展中国家普及体育运动,充分发扬无私的国际主义精神,想受援国人民之所想、急受援国政府之所急,根据各个国家的民族特点和历史文化,独特设计、精心施工,克服了各种困难,按时交工。中国体育援外场馆设施新颖美观、质量过硬,深受发展中国家的普遍认可和热烈欢迎,得到了国际社会的高度评价——"中国给非洲戴上了一条金色的项链,为非洲增添了新的光彩。"[6]

1984年,国际奥委会主席萨马兰奇前往非洲参观考察,惊奇地发现中国体育援外教练的身影无处不在,中国援建的体育场馆设施遍布非洲大地。他被这种

---

① 李舜蕙、熊锦平:《后奥运时期的中国体育外交》,《体育学刊》2012年第2期。

② 张丛:《科威特体操之父——记中国体操教练苏师尧》,《体育博览》1985年第6期。

③ 刘鹏:《春华秋实五十载 五洲遍开友谊花》,《中国体育报》2007年9月27日。

④ 《坦桑尼亚总统尼雷尔在李先念主席举行宴会上的讲话》,《人民日报》1985年8月20日。

⑤ 《深厚的友谊 丰硕的成果》,《人民日报》2006年11月3日。

⑥ 国家体育总局:《改革开放30年的中国体育》,北京:人民体育出版社,2008年,第326页。

默默无闻的奉献精神深深地打动,因为他十分清楚有些国家对非洲的援助并未落到实处,有些国家则将援助与政治条件相捆绑,而中国实实在在地付出了行动。1985年11月18日,国家体委副主任、国际奥委会执委何振梁先生收到了萨马兰奇主席访问非洲后发来的电报。他说:"中国为非洲大陆援建了美丽而众多的体育设施,是值得世界了解的杰出建筑成果。中国建设得最好的体育场不在中国,而在非洲。"[1]1986年4月,萨马兰奇亲自来北京拜访中国奥委会官员,颁发国际体育组织最高荣誉奖——奥林匹克杯,以表彰中国体育对外援助做出的无私贡献。他赞扬道:"中国在世界体育中发挥着重要作用,中国是第三世界的榜样。我去过非洲,参观了很多非洲国家,看到了许多中国援建的体育设施。国际奥委会一致认为,应当感谢中国政府,表彰中国的高尚行为。"[2]中国体育对外援助取得了可喜成绩,为普及体育运动做出了突出贡献,受到了权威国际体育组织的充分肯定。

4.3.3 体育援外合作主导时期的突出贡献

4.3.3.1 维护了祖国统一

台湾自古以来就是中国不可分割的领土,台湾人民是中华民族的优秀后代,中华民族早日统一是大陆人民和台湾人民的一致愿望,更是全球华人华侨的共同心愿。但是台湾当局一意孤行,不时抛出违背台湾人民意愿的错误言论。为了在国际社会上拉拢支持"台独"的国家,台湾当局采用了"银弹外交"的方式吸引一些小国家,并与之建立了所谓的"官方外交关系"。[3]

1989年10月20日,由于利比里亚政府与台湾当局签署了恢复外交关系的公文,中国政府于10月21日立即断绝与利比里亚的政府交往,马上召回向其外派的体育场管理合作团队。[4]1990年5月26日,几内亚比绍政府公然违背中几两国建交公报的原则,制造"两个中国"并宣布与台湾当局建立外交关系。为此,中国政府于5月31日宣布与几内亚比绍中止外交关系,国家体委派到几内亚比绍的体育场技术合作组一行9人奉命立刻撤离回国。[5]

---

① 国家体委:《中国体育年鉴1986》,北京:人民体育出版社,1988年,第51—52页。

② 伍绍祖:《中华人民共和国体育史(1949—1998)》,北京:中国书籍出版社,1999年,第469页。

③ 彭韬、聂锐:《十八大以来习近平反"台独"重要思想解析》,《社会主义研究》2017年第5期。

④ 张彩珍:《中国体育年鉴1990》,北京:人民体育出版社,1992年,第35页。

⑤ 国家体委:《中国体育年鉴1991》,北京:人民体育出版社,1993年,第15页。

中国派往瓦努阿图的乒乓球教练员刘民忠,在21世纪上演了一场特别的"乒乓外交"。2004年11月3日,瓦努阿图总理沃霍尔以私人名义访问台湾地区,擅自与台湾签署了建交公报。①中国政府立即做出反应,发表了严肃声明并提出抗议,但并未宣布中止两国外交关系。因为中国政府坚信,中瓦两国人民的友好基础和友谊联系,是牢不可破及经得起考验的,该国政府不会因为个人错误而损害两国外交大局。事件发生后,有关部门指示刘民忠教练暂缓回国,利用工作优势积极开展"乒乓外交",在该国体育官员、运动员和他们的亲戚朋友中,大力宣传两国人民的深厚情谊,让他们充分了解台湾的历史与现状。②在形势紧迫的有限时间内,刘民忠教练不辱使命,反复耐心地做外交思想工作,赢得了该国体育界的广泛理解和支持。一位体育官员多次对刘民忠教练说:"中国是个很友好的国家,瓦国人也不会忘恩负义的,在这个问题上,我们肯定会支持你们的,请刘教练相信我们。"2004年12月6日,瓦努阿图奥委会主席向刘民忠颁发了国家荣誉勋章,瓦努阿图总统专门接见他并在亲切交谈后合影留念。可见,在这样特殊事件的背景下采取以上行动,是瓦努阿图体育界释放的一个重要信号。次日,瓦努阿图各大报纸均用了多版篇幅海量报道此次授勋,详细介绍了刘民忠教练执教国家乒乓球队以来所付出的艰辛努力及取得的优异成绩,这是向瓦努阿图人民宣传中瓦友好关系,并向外部传递更为重要信息的前奏。12月10日,瓦努阿图部长会议做出正确决议,撤销11月3日个别人在台北签署的建交公报。③

4.3.3.2　肩负了推广体育运动的重担

人数众多的体育援外技术人员,有的是给予长期援助,有的是提供短期指导。不同领域的体育技术专家发挥的作用也各不相同,有的是针对受援国体育事业进行管理外派,有的是为帮助援建体育场馆设施如期完工而配备的,有的是针对特定体育设施的顺利使用而提供协助,有的是针对某一运动项目而帮助讲学。对他们而言,物质条件的艰苦、精神上的压力,都是无法逃避和必须面对的挑战。在生活中,语言交流的不畅和文化背景的差异,让他们难以与当地人充分沟通。在训练中,硬件条件的不足需要全力克服,突然出现的问题必须及时解决。

在改革开放及经济建设的带动下,中国体育教练员的援派数量与日俱增,国外的中国教练年均保持在200人次以上,他们分别执教成年、青年和少年梯队中各级

---

① 夏农:《台湾"邦交"怪闻录》,《侨园》2005年第1期。
② 马忠:《一个成都教练的海外功夫》,《四川日报》2005年2月18日。
③ 袁雷、郭煜硕、俞大伟:《改革开放以来的中国体育对外援助研究》,《沈阳体育学院学报》2016年第4期。

别的国家队、地区队或俱乐部队。[1]特别是中国在1990年成功举办亚运会之后,向中国提出体育援助要求的国家大幅增加,外派体育教练人数不断创出新高。中国的专家与教练在异国他乡言传身教、辛勤工作,带着中华民族特有的热情和谦逊,深得受援国体育界及人民的尊敬。援助萨摩亚乒乓球教练员何泽萍,突然收到了父亲病故的噩耗,她强忍悲痛而以国家大局为重,始终坚守在外交工作的第一线;援助墨西哥体育团队代表钱万辉,在得知儿子因意外事故受重伤的情况下,化悲痛为力量,毅然完成了重要的团队工作;援助瓦努阿图乒乓球教练员刘民忠,在上台领奖的那一刻,为了忠孝不能两全的割舍,百感交集而热泪长流。[2]道是无情却有情,中国体育援外技术专家把对亲人的至情至爱,转化为对体育援外事业的执着,更高、更快、更强的奥林匹克精神,在他们身上得到了较为集中的体现和发扬光大。

2007年9月26日,由国家体育总局人事司、外联司主办,人力资源开发中心具体承办的体育援外教练工作50周年纪念座谈会在北京举行,以纪念中国体育援外教练50年的光辉历程。老一辈的援外专家与新时期的援外代表欢聚一堂,回顾难忘经历、畅谈援外收获、总结工作心得,为进一步做好体育援外教练工作提供了十分宝贵的创新思路。外派体育教练50年,中国共向世界123个国家和地区派出了36个体育项目的2547名体育援外技术专家。[3]其中,仅在乒乓球这一个项目的援助上,中国就向80多个国家和地区,派出了约600人次的体育援外教练员。荻村先生在担任国际乒联主席期间,多次表扬中国承担国际责任的带头作用,对世界各国开展体育运动提供了无私帮助,挑起了世界体育大发展的重担。[4]

4.3.3.3 促进了受援国竞技体育成绩的提高

在体育对外援助的技术专家中,有些曾是在体坛叱咤风云的优秀运动员,有些是来自优势项目的一线教练员,他们培养出了很多为国家取得荣誉的世界冠军,为中国的竞技体育事业做出了巨大贡献。[5]他们将中国先进的训练技术、科学的训练方法带到世界各地,凭借良好的专业素质和过硬的政治思想,促进了受援国体育水平的迅速提高。中国羽毛球教练员方凯翔执教的马来西亚国家队,在1988年举行的汤姆斯杯比赛中,击败了羽毛球传统强国印度尼西亚队,勇夺亚军、震动羽坛。

---

① 引自刘吉1996年1月23日在全国体委主任会议上的讲话。
② 刘鹏:《春华秋实五十载 五洲遍开友谊花》,《中国体育报》2007年9月27日。
③ 《援外教练工作50周年纪念座谈会在京召开》,《人力资源开发中心简报》2007年9月28日。
④ 刘鹏:《援外教练五十载 五洲遍开友谊花》,《人民日报》(海外版)2007年9月26日。
⑤ 王笑笑:《从"海外兵团"到海外使团》,《北京日报》2015年4月30日。

体操教练员黄健在20世纪90年代中期被调派到约旦进行援外,时间由1年不断续聘到6年,帮助约旦创建起规范系统的国家体操队,成为大家公认的约旦"体操之父"。姚木荣从1989年赴泰国至援外结束长达14年,为泰国摘得国际跳水大赛的无数奖项,泰国游泳协会秘书长盛赞:"姚木荣先生是泰国最受欢迎、最成功的跳水教练。"田径教练陈梅玲先后3次前往巴基斯坦执教,面对该国基础薄弱的女子运动项目,从科学选材开始到扎实做好基础训练,她有计划地组织运动员参加比赛,经过较短时间,巴基斯坦的女子4×100米项目在第4届南亚运动会上夺得铜牌。

2003年4月28日,应墨西哥政府和体委的盛情邀请,国家体育总局人力资源开发中心派出的体育援外教练团启程。这是中国首次成建制地向国外派遣援外教练,教练团由来自18个省市、12个奥运项目的36人组成,旨在为其培养参加北京奥运会的后备人选,在全国比赛中进行验证和选拔,并完善这些项目本土教练员的梯队建设。①一年多的培训中,中国教练团克服诸多困难,所培养的运动员在短时间内都有了明显提高,特别是乒乓球、射击、跳水、羽毛球、体操、田径、举重等项目的选手,在国际和国内比赛中取得了前所未有的优异成绩。因此,多名援外教练员被授予"最受欢迎的外国人""最佳教练"等称号。中国教练团队为祖国争得了荣誉,实现了国家体育总局提出的"打开拉美市场,站稳脚跟"的目标。15个月后,他们胜利归来,由于这次体育援外成绩显著,其中31名教练的合同获得了延期。回国短暂休整后,31名教练于2014年9月初再次返回墨西哥。在短短的两年时间内,受训运动员在洲际、全国和奥运选拔等国内外赛事上共囊括246枚金牌、154枚银牌和109枚铜牌。

2013年12月11日至21日,第27届东南亚运动会在缅甸落下帷幕。应缅甸政府的要求,中国援助本次赛会并承担技术合作任务。同时,作为本次援缅项目的重要组成部分,在国家体育总局和商务部的领导下,由人力资源开发中心与中体国际公司合作,共同向缅甸派出了28位体育援外教练员,在援助缅甸工作中取得了较好成绩。缅甸在该届东南亚运动会上历史性地获得金牌总数第二名、奖牌总数第四名的突破。中国和缅甸是全面战略合作伙伴关系,通过本次赛会的全面支援和成功举办,拉近了两国人民的距离,拓展了两国政府构建新型关系的内涵,成为两国互利合作的亮点、体育交流的典范,为两国在体育人文领域的合作奠定了基础。

---

① 崔鬼:《李央十二剑之六》,《新体育》2003年第6期。

4.4 从无偿到合作:中国体育对外援助运行机制的特点

4.4.1 无偿体育援外主导时期的主要特点

4.4.1.1 政治任务居首要位置

现实主义学派的代表人物摩根索认为,对外援助是维护国家安全利益、保卫民族生存空间、抵御各种外界压力的一种成效显著且被广泛使用的外交工具。因此,他强调:"对外援助无论采取什么样的形式,其本质都是政治性的。这是对外援助性质所决定的,是不会受到任何内外部环境变化而改变的。"[1]

新中国成立于冷战阴云的笼罩下,面临内忧外患的环境,只有在国际上塑造良好的国家形象,拥有应得的国际话语权和决策权,取得绝大多数国家的认可与支持,才能处于国际政治舆论的优势地位,以政治手段解决军事困境。[2]作为外交工作重要组成部分的体育对外援助,自然成为国家实现政治任务的重要手段。中国首位援外教练员史万春先生,其时由于伤病正在进行恢复治疗,却接到了国家外事部门的调派——指导北越足球队迎战南越足球队,组织还特别强调了此项政治任务的重要性。[3]正是史万春教练对球员的合理布局,帮助北越足球队取得了比赛的胜利,北越人民高兴得像打了胜仗一样。1958年10月29日,中共中央在批转《关于加强对外经济、技术援助工作领导的请示报告》中着重指出:"认真做好对外经济、技术援助工作,是一项严肃的政治任务,也是我国人民对兄弟国家和民族主义国家人民应尽的国际义务。"在冷战对峙的国际政治格局下,社会主义国家与资本主义国家之间,为了展现社会制度的优越性和先进性,在各个领域的竞赛与争夺异常激烈,胜负关系带来的政治影响更加深远。虽然体育对外援助形式多样、形态各异,但是万变不离其宗,这个"宗"就是其被赋予的政治使命。

4.4.1.2 意识形态色彩相对浓重

社会主义制度的明智选择,是建立在历史经验的深刻凝练和中国共产党的果断决策基础之上的。"一边倒,是孙中山的四十年经验和共产党的二十八年经

---

[1] Hnas Morgenhtau,"A political theory of foreign aid",The American Poitical Science,2(1962), pp.301-309.

[2] 周桂银:《冷战时期中国周边安全环境的特征与启示》,《当代中国史研究》2002年第6期。

[3] 曹涵:《足坛星宿史万春的足球人生》,《名人传记》(上半月)2010年第12期。

验教给我们的,深知欲达到胜利和巩固胜利,必须一边倒。积四十年和二十八年的经验,中国人不是倒向帝国主义一边,就是倒向社会主义一边,绝无例外。骑墙是不行的,第三条道路是没有的。我们反对倒向帝国主义一边的蒋介石反动派,我们也反对第三条道路的幻想。"①可见,在求生存基础上谋划国家的发展,必须有来自外部的强力支撑,这些目标只能通过加入社会主义阵营来实现。所以,以马列主义思想和国际主义精神指引国家的对外战略、用社会制度来划分阵营与同盟、以意识形态区别对手与朋友成为定式。意识形态深入各个领域并影响着各个行业,其在外交工作上的表现自然更加浓重,在体育对外援助的具体实践中有着较多体现。

国际政治格局瞬息万变,中国对外发展战略不断调整,从"一边倒"到"两面开攻",再到"以苏划线"的发展和转变,有效维护了中国与周边国家的领土安全。②体育对外援助紧密配合国家对外战略,为中国赢得了数量众多的"穷朋友",在提高国家形象和赢得国际口碑的同时,也带来了一些负面影响。改革开放前,中国对越南和阿尔巴尼亚两个社会主义国家的援助最多,对朝鲜、蒙古、古巴、罗马尼亚、匈牙利等社会主义国家体育援助的数额相对较大。相反,在冷战的意识形态影响下,却只向法国和意大利两个资本主义国家外派了3名体育援助教练员(见表4-4)③。意识形态色彩过于浓重让中国有求必应,无限度地满足某些国家的无理援助要求,制约了体育对外援助的科学运行和良性发展。

表4-4　改革开放前体育援外教练派往资本主义国家的情况

外派国家	外派时间	外派人数/人	项　目
法国	1966年6月	1	乒乓球
	1978年10月	1	体操
意大利	1978年9月	1	乒乓球

资料来源:国家体委:《中国体育年鉴(1949—1991)》(精华本上册),北京:人民体育出版社,1993年。

4.4.1.3　援助重点为发展中国家

从社会主义国家到民族主义国家再到资本主义国家,从周边国家到非洲国家

---

① 毛泽东:《毛泽东选集》(第4卷),北京:人民出版社,1991年,第1472—1473页。

② 胡联合:《新中国外交战略的历史变革》,《湖北行政学院学报》2004年第4期。

③ 国家体委:《中国体育年鉴(1949—1991)》(精华本上册),北京:人民体育出版社,1993年,第341—343页。

再到拉丁美洲国家,从建交国家到友好国家再到国际组织,中国体育对外援助全面发展,体育资源的流出地域渐渐扩大,体育援助的表现形式日益丰富,但援助国家的重点却没有改变,始终为广大的亚非拉发展中国家。"在帝国主义存在的时代,任何国家真正的人民革命,如果没有国际革命力量在各种不同方式上的援助,要取得自己的胜利是不可能的。胜利了,要巩固,也是不可能的。"[①]"帮助被压迫民族和国家的解放斗争,是国际主义的问题,也是共产党人的义务。世界上还有许多受压迫、被侵略的国家,他们在帝国主义的铁蹄下,我们不仅仅是同情他们,还要伸出双手去援助他们。"[②]因此,中国在进行国内经济建设的同时,有责任、有义务去帮助发展中国家,促进其体育事业进步和人民体育健康。

发展中国家占世界国家总数的3/4,与之建立良好的外交关系,中国自然会得到国际社会的广泛支持。"我们对兄弟国家和新独立国家进行援助,把他们的力量加强了,反过来就是削弱了帝国主义的力量,这对我们也是巨大的支援。"[③]因此,紧紧团结广大的发展中国家,有效结成广泛的国际统一战线,共同对抗来自外部的军事威胁,是保护民族独立胜利果实的必然途径,也是中国体育对外援助的重点选择。

4.4.2　从无偿转向合作的过渡时期的主要特点

4.4.2.1　意识形态色彩由浓转淡

1980年11月,国务院下发《关于认真做好对外援助工作的几点意见》,确定了对外援助改革的指导思想:"认真做好援外工作,广泛开展国际经济技术合作,有进有出、平等互利,为促进友好国家的经济发展,加速中国四个现代化建设做出应有贡献。"国家政策的正式出台与宏观调控,有效指引了体育对外援助的运行实践,援助主体与受援客体均被置于十分重要的位置,促进经济发展成为体育对外援助的主要目标,意味着体育对外援助运行机制中的意识形态色彩由浓转淡。

意识形态色彩的淡化也可以从1960年的对外经济技术援助八项原则与1980年的对非经济技术合作四项原则的对比中体现出来。在对外经济技术援助八项原则中,中国将受援国的利益放在第一位,并未重视自身经济利益的获取和实现。1983年提出的对非经济技术合作四项原则在继承八项原则精髓的基础上,还增添

---

① 许志功:《毛泽东领导思想的特点分析》,《中国领导科学》2014年第3期。

② 钱江:《秘密征战》,成都:四川人民出版社,1999年,第80—81页。

③ 周恩来:《第三届全国人民代表大会第一次会议上的政府工作报告》,《人民日报》1964年12月21日。

了改革的思想和发展的策略。将两个原则进行比较,差别十分明显。虽然都有平等互利原则,但八项原则更重视政治上的互利,而四项原则较关注经济上的互利。从资源的流动方向上看,八项原则强调资源的单向流出,而四项原更强调资源的双向流动,并提倡采用多种多样的经济技术合作方式。体育对外援助的意识形态色彩由浓转淡,还可以从派往资本主义国家的体育援外教练数量变化上直观反映出来(见图4-9)。改革开放前,只有3名体育援外教练被派往资本主义国家。而1979—1986年,共有77名体育援外教练员被派往资本主义国家。受援国涵盖了几乎所有与中国建交的资本主义国家,有法国、英国等老牌资本主义强国,也有日本、德国等二战后快速恢复的资本主义国家,还有冰岛、瑞典等拥有国际话语权的北欧发达资本主义国家。

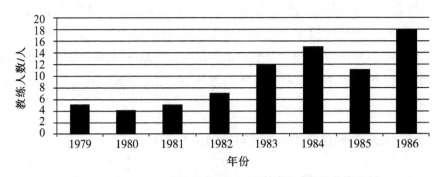

图4-9 1979—1986年派往资本主义国家的体育援外教练人数

资料来源:国家体委:《中国体育年鉴(1949—1991)》(精华本上册),北京:人民体育出版社,1993年,第343—346页。国家体委:《中国体育年鉴(1949—1991)》(精华本下册),北京:人民体育出版社,1993年,第466—467页。

4.4.2.2 重点突出量力而行原则

经济合作与发展组织均由发达国家组成,它对成员国提出的统一援助标准,是每年都要将不低于国民生产总值0.7%的资金用于对外援助,以消除贫困和饥饿。作为世界头号经济大国的美国,仅仅投入国民生产总值的0.12%用于对外援助。而中国在1971—1978年的对外援助总额,占财政收入的比例高达5.88%,是1950—1970年对外援助总额的159%。[1]这种不考虑收支平衡的援助行为,在短期来看收效显著——获取了政治支持,但可持续性的长远发展效率并不高,在体育资源支出的财政负担和沉重压力下,其严重影响了国内经济建设的投入水平。

---

① 卢进勇、杜奇华:《国际经济合作教程》,北京:首都经济贸易大学出版社,2006年,第412页。

　　外交工作强调要"见人见物",中国体育对外援助中的"见人见物",分别是指软件体育援助和硬件体育援助。①软件体育援助是通过技术与人力等资源实现的,硬件体育援助是通过场馆与器材等实物完成的。软件体育援助是无形的智力支持,硬件体育援助是有形的物质支援。硬件体育援助是树碑工程和形象建设,可以让受援国民众产生睹物思人的效果,有助于援助国迅速获得来自受援国的政治声援和支持,在国际组织召开的重要会议上得到受援国代表所投出的赞成票。因此,当时亟须在国际政治舞台上扩大影响,获得世界普遍认可的中国政府,援建了很多具有受援国文化特征与地域特色的大型体育场馆设施。但是,援建体育场馆设施要耗费大量的人力和物力,在前期投入上涉及巨大的资金支出与资源配置,在后期使用中还要进行适当的维修及保养。同时,大型体育场馆设施的日常利用率并不高,正常运行开支和维护使用费用十分可观,在人力资源配套和体育事务管理方面比较复杂。②在改革开放初期的历史转折点上,中外经济合作得到了全面提升,援外建设体育场馆设施的数量较多(见表4-5)。基于以上背景,对正在施工援建和已竣工交付使用的项目进行规模调控成为国家关注的重点。

表4-5　1979—1986年部分援建中或已竣工的体育场馆设施

受援国家	体育场馆	面积/m²	竣工时间	受援国家	体育场馆	面积/m²	竣工时间
塞拉利昂	体育馆	33474	1979年	叙利亚	大马士革体育馆	21299	1980年
毛里塔尼亚	体育馆	19412	1980年	贝宁	体育馆	48043	1982年
尼日尔	体育场	18000	1983年	冈比亚	体育场、友谊宿舍	21685	1983年
摩洛哥	综合体育设施	75650	1983年	西萨摩亚	体育场	23541	1983年
布基纳法索	"八四"体育场	22000	1984年	利比里亚	多依综合体育场	27770	1985年
巴基斯坦	体育馆	72600	1985年	塞内加尔	体育馆	50000	1985年
缅甸	体育馆	25000	1986年	津巴布韦	体育馆	51610	1987年
苏里南	体育馆	5000	1987年	几内亚比绍	体育场	12000	1987年

　　注:根据中国体育国际经济技术合作有限公司的资料进行整理。

---

① 俞大伟:《中国体育对外援助发展研究》,《体育文化导刊》2017年第6期。
② 张宁秋:《中哥建交　援建献礼——访援哥斯达黎加国家体育场项目负责人》,《华中建筑》2008年第8期。

在1983年召开的第六次全国援外工作会议上,国务院强调:"我们对外援助既要量力而行,又必须尽力而为。量力而行指钱,尽力而为指精神。"[①]在突出量力而行的原则下,体育对外援助对硬件类型和软件类型的投入进行了适当的调控,降低了硬件体育援助的无偿投入比例,减少了不必要的投入和浪费,促进了对外援助与经济贸易的相互结合及共同发展,提高了体育对外援助资金的使用效率。

4.4.2.3 短期援助项目有所丰富

一直以来,体育援外教练员远离祖国、告别亲人、远涉千山万水、奔赴世界各地,奋斗在异国他乡的土地上,献出了自己的青春与汗水。有些援外教练员经常在食物匮乏、传染病蔓延、政治动荡不安的社会环境中生活,有些年长的体育对外援助专家,由于工作需要长期生活在十分恶劣的条件下,身心受到了极大伤害而过早去世,甚至还有个别教练员病逝在援外工作岗位上,长眠于异国他乡。[②]

总体而言,体育援外教练在国外的工作时间相对较长,特别是屡获佳绩的功勋教练员,在受援国要求下聘期会一再延长。体育对外援助的周期过长,有利也有弊。一方面,对中国体育援外任务的完成与受援国体育事业的持续发展,具有正面推动作用和深远的外交影响。另一方面,给体育援外教练员自身健康及家庭生活带来一些消极影响。因此,随着对外开放窗口的持续扩大,人才流动速度的日益加快,科研知识传播时间的快速缩短,体育对外援助合作理念全面更新,由此,短期援助项目不断丰富,增加了体育教练外派讲学、团体操教练出国指导等形式(见表4-6、表4-7)。这样,长期科学指导与技术训练和短期科研交流与沟通协作相互配合,为高层次体育人才交流提供了必要的平台。

有些国家每逢国庆或临近一些重大国事活动时,都喜欢聘请中国团体操教练员帮助他们排演大型团体操节目,上百场由数千人参加的团体操表演,场场成功。届时,受援国家的元首、政府首脑、党政要员以及各国使节都会亲临现场。[③]在演出结束后,体育援外教练员会得到受援国高层领导的亲切接见,往往被授予本国最高荣誉的勋章或奖章,当地的广播、电视、报刊等媒体,还会进行全方位、立体式的广泛宣传。当中国体育援外教练员走在街头,人民群众纷纷向他们挥手致意,高喊:"中国! China!"1980年4月19日,尼日尔青年、体育和文化部部长穆穆尼·阿达穆少校全权代表尼日尔国家元首孔切先生,向中国援助尼日尔排练大型团体操的教

---

① 石林:《当代中国的对外经济合作》,北京:中国社会科学出版社,1989年,第70页。

② 朱新开:《不该被忘记的"援外教练"》,《体育博览》2000年第12期。

③ 赵海波:《我国团体操援外工作研究》,《体育文化导刊》2015年第4期。

练员徐培文与吴健如授予"尼亚美骑士"勋章。[①]外派团体操教练员基本是短期援助,虽然人数不算太多,但由于接触面广,接触人员的层次较高且位置重要,一旦做出成绩便会很快家喻户晓,所产生的影响和效应不可忽视。中国驻外使馆在完成如此重大活动时,都会倾尽全力配合,在吃、住、行等日常生活方面给予援外教练员大力帮助及全方位保障。这些大型活动,加强了中国驻外使馆人员与当地政府部门的联系,扩大了中国在受援国的政治影响。

表4-6　1979—1986年外派体育教练出国讲学的情况

序号	外派国家	外派时间	外派人数/人	项目
1	罗马尼亚	1983年	1	跳水
2	日本	1983年	3	太极拳
			9	乒乓球
3	美国	1983年	5	运动医学
4	阿根廷	1983年	5	乒乓球
5	德国	1984年	1	跳水
		1985年	1	排球
6	捷克斯洛伐克	1985年	1	排球

资料来源:国家体委:《中国体育年鉴(1949—1991)》(精华本上册),北京:人民体育出版社,1993年,第345—346页。

表4-7　1979—1986年外派团体操教练出国的情况

序号	外派国家	外派时间	外派人数/人	项目
1	尼日尔	1979年12月	2	团体操
		1984年2月	4	团体操
2	伊拉克	1980年2月	4	团体操
3	委内瑞拉	1980年8月	4	团体操
4	孟加拉国	1985年7月	4	团体操
5	博茨瓦纳	1986年5月	4	团体操

资料来源:国家体委:《中国体育年鉴(1949—1991)》(精华本上、下册),北京:人民体育出版社,1993年。

---

① 中国体育年鉴编辑委员会:《中国体育年鉴1980》,北京:人民体育出版社,1983年,第8页。

4.4.3 体育援外合作主导时期的主要特点

4.4.3.1 "海外兵团"增添了民间体育援外力量

为了推动体育人才与国际接轨,助力我国体育事业的快速发展,国家体委于1985年7月17日下发了《关于优秀运动员、教练员自费出国留学的审批原则》。随着出国审批制度的放宽,去西方学习、工作有了更多的机会和渠道,越来越多的中国优秀教练走出国门,远赴海外执教。中国跳水队首任总教练梁伯熙是华裔海外教练先驱者之一。他于1986年移民加拿大,3年后任加拿大国家跳水队总教练。①自此,一些优势项目的中国教练和运动员相继走出国门。有些优秀运动员通过改变国籍的方式,代表其他国家参赛,有些优秀教练员通过非官方渠道,常年执教所在国家的一线队,他们凭借所取得的多项荣誉,获得了所在国国籍或永久居住权。他们被统称为体育领域的"海外兵团"。1993年5月,在瑞典哥德堡举行的第42届世界乒乓球锦标赛上,世界排名前两位的中国名将邓亚萍与乔红都意外败给了代表新加坡和德国出战的井浚泓与施捷,国人开始意识到"海外兵团"的威胁,"海外兵团"也由此叫响。②虽然,"海外兵团"主观上并不是以援助其他国家体育发展为目的,但他们自己或由他们培养的运动员,在国际赛场上不断取得优异成绩,客观上实现了对所在国家的体育援助。

"海外兵团"主要活跃在中国具有传统优势的运动领域,如乒乓球、体操、跳水、排球等。仅乒乓球一项的运动员和教练员,1990年在国外的人数就达到300多名。伴随着体育发展的全球一体化趋势,教练员的国际流动愈发频繁。在2008年北京奥运会的乒乓球比赛上,共计有77名男女运动员参赛,原籍是中国的选手竟占据了半数左右,在女单1/8对抗中,除3名中国运动员外,还有10位队员来源于中国,仅仅有3名地道的外国选手。③改变国籍来代表其他国家参赛,是优势运动项目人才过剩的一种必然选择,也是改革开放的大势所趋,已经成为中国竞技体育人才输出的最直接途径,从国际体育交流与合作的视角来审视,"海外兵团"现象具有独特的意义。④他们提高了所在国家该运动项目的竞技水平,虽然为中国运动员在国际

---

① 唐勇林、田国磊:《从"视为叛徒"到宽容理解——国人对"海外兵团"态度日趋理性》,《新一代》2008年第9期。

② 郎成:《"海外兵团"的新活法》,《工人日报》2015年5月4日。

③ 国家体育总局:《改革开放30年的中国体育》,北京:人民体育出版社,2008年,第314页。

④ 范云平:《海外兵团体育人才输出管理研究》,《体育文化导刊》2014年第2期。

比赛中摘金夺银带来了极大的实践难度与现实挑战,却促进了中国自身训练手段的改革以及体育科研技术的快速发展,最终推动了世界竞技水平的整体提高。这与国家体育总局提出的"养狼计划"的目标完全一致,成为"引进"和"输出"两个流动方向的不同形式。①当然,这也推动了中国优势体育项目在世界的普及和发展,传递了中华民族的包容与和谐理念。

4.4.3.2 积极参与多边援助机制

长期以来,中国重点以"国家—国家"的双边援助作为开展体育对外援助的主要渠道。联合国合法席位的恢复和奥林匹克大家庭的重返,拓宽了中国参与多边对外援助的平台,推动了体育对外援助由双边援助渠道向多边援助渠道的全面扩展。国际体育援助计划是一个世界范围的募捐活动,通过在全球开展14岁以下青少年中长跑、世界狂欢节和多项体育文化活动来筹集资金,帮助经济落后国家儿童保健事业的发展。该活动发起人曾多次与中国驻英国使馆联系,极力邀请中国参加此项多边援助机制。1988年4月24日,北京1000多名中小学生举行千米长跑,揭开了中国参加1988年国际体育援助计划的序幕。9月11日,由国家体委、中国红十字会、国家教委、广播电影电视部共同主办的"国际八八体育援助计划中国北京大会",在庄严雄伟的天安门广场举行。②万里主持起跑仪式并点燃了第一支火炬,近千名手持火炬的中国运动员齐聚天安门广场,开始了在世界各地300多个城市同时进行"与时间赛跑"的活动。中国红十字总会副会长与中国驻英大使表示,这一活动符合中国和平外交政策,完全契合红十字会的人道主义宗旨。

改革开放以来,中国与国际体育组织的交往范围和层次逐步提高,中国体育工作者紧紧把握住这一难得的历史机遇,努力开展外交工作,推动中国体育对外援助全面走上国际舞台。2005年6月18日至19日,国际射箭联合会第46届代表大会在西班牙首都马德里隆重开幕,国家体育总局射击射箭运动管理中心主任高志丹等3人参会。③会议决定,董文瑾当选为国际射箭联合会发展与援助委员会委员,体现出国际体育组织对中国体育对外援助的信任和鼓励。同时,国家体育总局全力支持中外共同举办的文化年、国家年、友好合作年等活动,配合上海合作组织积极参与到"中俄人文合作委员会体育合作分委会"机制中,并主动融入政府间跨地区、跨行业、跨部门的协调机制,参加民间友好机构的相关体育活动。积极参与多

---

① 兰彤、刘丰德:《"养狼计划"实施策略构想》,《体育学刊》2010年第4期。

② 国家体委:《中国体育年鉴1989》,北京:人民体育出版社,1991年,第38—39页。

③ 国家体育总局体育文化发展中心:《中国体育年鉴2005》,北京:中国体育年鉴社,2006年,第50页。

边援助机制,拓展了中国体育对外援助的发展空间,增进了中国与国际社会的友好关系。

4.4.3.3 体育援外创汇不断增加

体育对外援助是一项公益事业,不以营利为目的,但既然存在有偿援助和市场规律,自然会带来一定的经济收益。体育援外教练是中国体育对外援助的重要组成部分,其任务来源是受援国提出的援助请求,其工作是具有公益性和援助性的一种国际交流。虽然援派体育教练不是以营利为目的的商业活动,但是也要遵循市场经济的运行规律,既要考虑政治意义,也要考虑经济因素,既应符合国家外交大局的需要,也应尊重体育对外援助自身的发展规律。在受援国中,有的国家只是体育发展相对落后,有的国家只是某一运动项目相对弱势,而他们的经济综合实力却十分发达,如海湾各石油输出国就是中国体育援外教练的主要聘请方,仅科威特就曾有50余位中国援外教练员,分别在其各个俱乐部任教。中国体育援外教练的国外工资部分,都是由中外双方主管部门根据市场价格和汇率变动协商确定的,可以说是低于市场价格的“友谊价”。①同时,体育援外教练工作的管理费收益,保障了派出教练的国内相关福利,有力支持并促进了无偿援助性派遣,节约了体育对外援助资金,激发了体育援外教练和地方主管部门的参与积极性。

在美元汇率有所变动和调整的情况下,1997年国家体委、财政部印发的《外派体育技术人员待遇和财务管理办法》几经变革,逐渐提高了体育援外教练员的总体收入。在体育援外教练员的工资待遇上,恢复了其国内工资的国家规定部分,国外保底工资从1997年的400美元,提高到2004年的600美元,再提高到2009年的800美元,不断增加了体育对外援助的创汇收入。超出保底工资部分的费用,教练员在提成比例上也不断提高,并且奖金部分全部归教练员所有。在管理费用的分配上,国家体育总局所得部分一再降低,地方体育局所得部分逐渐提高。1995—2001年,各省市体育局和协会得到管理费用分成共计119.74万美元,其中,1995年为27万美元、1996年为26万美元、1997年为20.29万美元、1998年为15.55万美元、1999年为13.93万美元、2000年为7.25万美元、2001年为9.72万美元。②地方体育行政部门利用体育对外援助的创汇收入,增加了省市体育事业发展的经费投入,推动了优势运动项目发展,加大了对弱势运动项目的扶持。在体育援外任务期满后,在受援国提出续聘的情况下,体育总局人力资源开发中心还会为援外教练全力争取再

---

① 匡乐华:《体育使者搭起外交友谊桥梁》,《中国体育报》2013年5月15日。

② 林香菜:《我国乒乓球教练员援外的研究》,北京:北京体育大学,硕士学位论文,2006年,第23页。

次受聘机会并提高相关待遇,有效调动了体育援外教练员的工作积极性。

4.5 从宏观到微观:中国体育对外援助运行机制的解析

中国政府拥有包容开放的胸怀,能够在社会主义建设中及时总结经验,善于继承优良传统并弘扬自身优势,不断克服对外援助中遇到的各种难题。体育对外援助是外交工作的重要表现形式,在实践中涉及人、财、物等大量资源,必须遵循市场经济的运行规律。中国政府紧随新时代发展潮流,稳步推进体育改革,创新发展模式,厘清了体育事业宏观、中观、微观层面的运行机制(见图4-10)。

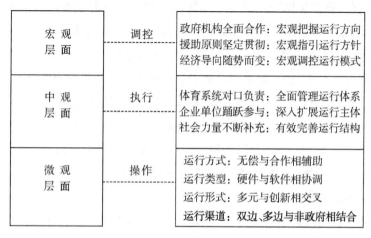

图4-10 从宏观到微观:中国体育对外援助运行机制的解析

4.5.1 中国体育对外援助的宏观运行机制

4.5.1.1 政府机构全面合作:宏观把握运行方向

体育对外援助是外事工作的主要内容,是政府职能的重要组成部分。1957年,中国政府向社会主义国家越南民主共和国派出了历史上首位体育援外教练员,拉开了中国体育对外援助运行的序幕。[①]一直以来,政府机构作为承担此项重任的主要行为体,始终发挥着决策、组织、调控和监督的主导作用。在时代主题转变、冷战格局改变、世界经济剧变的综合影响下,政府中参与体育对外援助运行机制的有关机构和部门也经历了几次调整,但总体上是由商务部及其前身机构负责的。从

---

① 俞大伟、李勇勤:《无偿与合作:我国体育对外援助方式研究》,《武汉体育学院学报》2016年第6期。

商务部发展演变的这条主线,能够清晰了解中国政府机构的多部门合作,整体把握体育对外援助的宏观运行方向。

1964年,中华人民共和国设立对外经济联络委员会,直接隶属于最高行政机关国务院。①其总体负责对外经济技术援助工作,下设三局分别负责社会主义国家和亚洲、非洲地区的相关事务,并成立设备材料局与技术室协助负责相关事宜。1965年1月,国家体委专门成立援外办公室,以配合对外经济联络委员会运行体育对外援助。1970年,对外经济联络委员会变为部属单位,升级为对外经济联络部。1982年3月,国务院精简内部机构,成立对外经济贸易部,整合涉及国际贸易与对外投资的多个部门,以提升办事效率,应对时局的变化。这次合并发出了一个明确的信号:政府希望在援助与经济合作之间建立更加紧密的联系。在改革开放政策指引下,中国走向国际市场的脚步加快,一些具有独立法人性质的对外企业相继成立。1991年,经过对外经济贸易部与国家体委的论证和确认,双方对体育援外办公室采取市场化改革,在工商部门注册成立中国体育国际经济技术合作有限公司,主营业务是为政府分担国外体育援助建设服务,并将援外教练的相关工作转由援外教练办公室(简称援教办)具体负责。1993年,对外经济贸易部更名为对外贸易经济合作部。2003年,经第十届全国人民代表大会的民主表决,国家经济贸易委员会将负责贸易的部门同对外贸易经济合作部整合为商务部,由对外援助司统筹负责体育对外援助工作。

随着政府机构改革的日益推进,中国建立了以商务部、外交部、财政部为主,其他部委和各级部门共同参与的体育对外援助顶层设计。其中,国务院是体育对外援助的最高管理机构,负责年度预算中超过150万美元的现金赠款,超过1亿元人民币的援外项目,以及超出年度计划的有关援助请求。②外交部处于中国政府派驻国外的第一线,同商务部联合起草年度对外援助计划,同商务部和财政部共同商议援助计划变更和是否提供现金援助等事宜。国家体育总局承接体育对外援助具体工作,负责向国际奥委会及相关协会提供赠款等。商务部主管的对外援助司,处于横向联络其他有关机构及部门的核心位置,对内与国际经济合作事务局的援外招标办公室协作,确定体育对外援助项目及工程的援建方式,对外积极与其他参与体育对外援助的部门,如国家体育总局、团中央等全面沟通,共同构成中国体育对外援助宏观运行网络。2018年3月,国务院将商务部有关对外援助职责、外交部有关

---

① 罗振建、张成明:《论合作共赢是统一战线的本质》,《理论月刊》2017年第2期。

② 于涌泉:《中国对外援助状况研究(1949—2010)》,长春:吉林大学,硕士学位论文,2016年,第58页。

对外援助协调等事宜相整合,组建国家国际发展合作署这一全新机构,全权负责对外援助各领域的宏观运行。①纵观中国体育对外援助的历史运行轨迹,政府及其所属机构成为内外沟通的主角,在对外战略指引下宏观推动体育资源的国际转移,代表中华民族行使着无私奉献的国际担当,是中外友好沟通和深入交流的重要纽带。

4.5.1.2 援助原则坚定贯彻:宏观指引运行方针

1964年初,周恩来总理访问非洲,在同加纳总统友好会面及深入交谈中正式提出了中国政府的对外经济技术援助八项原则,并通过新闻媒体正式对外发布和传递,为中国体育对外援助确立了基本方针。当天,周恩来总理出席隆重的欢迎晚宴,他深刻阐述了八项原则的基本精神:"亚非国家要自力更生、奋发图强发展民族经济,要互通有无、互利短长、互相援助。一切援助都是相互支持的,都应该完全符合平等互利和互不干涉内政的原则,决不允许利用援助进行控制、掠夺、干涉甚至颠覆。"②

八项原则是对外援助长远发展的顶层设计,体现了中国政府的外交智慧与战略眼光,是和平共处五项原则与万隆会议十项原则的融合、凝练与升华,诠释了中国政府实施对外援助的利他本质,表明了中华民族心系世界民族的友好初心。其中的平等互利原则和无附加条件原则,是中华民族优秀传统文化的集中体现,也是中国政府向世界人民掷地有声的郑重承诺。由此,独具中国特色的援外原则深受欢迎,承载着和合、重义、仁爱等核心内涵,通过体育对外援助的桥梁广为传播,成为国际政治领域一道耀眼的光芒,照亮了国际援助体系发展合作的前进之路。无论受援国是贫困落后的发展中国家,还是经济实力雄厚的发达国家,八项原则都能提供双边合作的方向指引。它是党和国家领导人高瞻远瞩的智慧结晶,也是特殊时代背景下南南合作与南北合作的基本准则,从理论上确立了中国体育对外援助的运行方针。

在体育对外援助实践中,无附加条件及不干涉内政的援外原则,并不表明中国政府对受援国的发展缺少信心,恰恰相反,它体现了中国政府充分尊重受援国自主选择体育制度的权利。中国政府的援外原则有着特殊的优势,它是在充分考虑受援国实际需要和未来发展的情况下提供硬件与软件类体育资源。在某些时候或者特殊的历史时期,体育援外数额相对而言是极其微小的,却展现出中国帮助这些国家独立发展的真诚愿望,这种义举赢得了发展中国家及其民众的赞誉。在执行体

---

① 于苗绿:《国家国际发展合作署:"一盘棋"思维优化援外战略布局》,《紫光阁》2018年第4期。

② 周恩来:《周恩来外交文选》,北京:中央文献出版社,1990年,第394页。

育对外援助任务中,中国援外专家以国家大局为重,从有利于受援国持续发展的角度出发,真心实意地帮助他们走出困境。回眸历史并环顾世界,中国体育对外援助的建筑工程和项目,伫立在亚非拉大地上和海洋岛屿中,呈现出绚丽多彩的画卷。

4.5.1.3 经济导向随势而变:宏观调控运行模式

中华人民共和国成立初期,全面模仿苏联模式进行社会主义建设。苏联援外专家深入各个领域,指导中国政府搭建合理的管理机构和部门,帮助恢复农业生产并建设工业基础设施,由上至下成立了完善的层级式体育协会。[①]全国人民团结一心、众志成城,提前完成了经济发展"一五"计划,激发了政府大力发展经济的自信心,推动了体育对外援助的开启和运行。1987年之前,体育对外援助被视为重要的外交战略,成为政府财政预算和支出中不可或缺的内容。在经济全球化的发展趋势下,国际合作深入不同地域和领域,体育对外援助在保障国家核心利益的同时,还要在国际合作大潮中探索科学的运行模式。由此,有进有出的人员互通和有来有往的技术互动,促进了内部与外部资源及资金的转移,增加了体育对外援助的创汇能力,加大了体育援助资金的循环投入力度,确立了"合作方式主导、无偿方式辅助"的体育援外模式。[②]在时代主题切换为和平与发展的背景下,国际环境有利于开展全方位的经济合作,中国领导人敏锐地把握住关键环节,坚决推动国家经济制度的全面深化改革。1992年召开的中国共产党第十四次全国代表大会,第一次明确提出了建立社会主义市场经济体制的改革目标。由此,中国经济制度与市场运行规律良性对接,逐步融入国际社会并适应经济全球化趋势,有效推动了体育对外援助运行机制的创新与升级。

4.5.2 中国体育对外援助的中观运行机制

4.5.2.1 体育系统对口负责:全面管理运行体系

1952年成立的中央体委,于1954年更名为国家体委,承担起推动国家体育事业发展的重任。1956年3月颁布的《体育运动委员会组织简则》明确规定,"中国体育运动委员会在国务院领导下负责统一领导和监督全国的体育事业,发展体育运动"。1965年1月,国家体委从外交大局和具体工作的多重角度出发,成立了体育

---

① 李百浩、彭秀涛、黄立:《中国现代新兴工业城市规划的历史研究——以苏联援助的156项重点工程为中心》,《城市规划学刊》2006年第4期。

② 俞大伟:《从无偿到合作:中国体育对外援助主导方式转变探究》,《天津体育学院学报》2016年第2期。

对外援助办公室这个新部门,以专业优势对口负责体育领域的对外援助,具体管理体育教练员的援派、体育场馆设施的援建、外国体育技术人员的培训等工作,全面推动体育对外援助的有序实施和顺利运行。1991年,国家体委根据市场经济的发展需要,将援外办公室改制为中国体育国际经济技术合作有限公司,以促进企业全面参与到国际社会的援助建设中。同时,国家体委保留援外教练办公室,继续负责体育技术人员的外派工作。这样,事业部门和企业单位有了详细分工,横向联合,共同推动体育对外援助运行。

1998年3月,国务院为了优化行政系统而推进机构改革,在国家体委原有基础上改组成立国家体育总局。国家体育总局作为直属机构专门负责体育事业发展,对口执行和管理体育领域的具体工作(见图4-11)。国家体育总局成立对外联络司、运动项目管理中心、人力资源开发中心,把中体国际并入中体产业集团,集中优质资产,实现了体育产业的股份制改革。[①]其中,对外联络司统筹规划体育总局的外事工作,协调内部的直属单位和运动项目管理中心,沟通参与国际体育组织的多边体育援助,执行体育对外援助资源的调配与供给,对体育援外实践进行全面监督与实效评估。人力资源开发中心的职能范围有所扩大,增加了职业技能鉴定、运动员职业辅导等其他业务,但是体育技术人员的对外援助派出,依然根据成熟的流程由其操作。在体育系统深化改革与成功转型后,逐渐形成比较细化的分工操作态势。硬件领域的体育援建任务具体归中体国际执行,软件领域的体育援派任务具体由人力资源开发中心执行,人道主义领域的器材援赠任务由对外联络司具体执行。当下,体育总局充分利用专业优势对口负责,积极调动各个部门和各级单位的力量,整合体育事业的全部有利资源,促进体育对外援助横向联动与纵向合作,实现多轨道运作。

① 宋多:《转型时期体育国有企业的产权问题研究》,北京:北京体育大学,硕士学位论文,2015年,第27页。

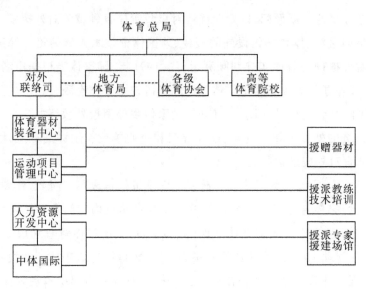

图4-11　体育系统对口负责：全面管理体育对外援助运行体系

4.5.2.2　企业单位踊跃参与：深入扩展运行主体

早在体育援外运行的初始阶段，一些国有企业就积极参与到援外项目的建设之中。1972年5月，中国政府与叙利亚签订了经济技术合作协定，为叙利亚贷款援助大马士革体育馆。[①]此项工程由叙方组织施工，中方提供设计图纸和配套体育设备，且外派专家技术人员进行指导。叙方对援外项目的质量要求很高，对体育场馆的设计提出了具体要求。这项工程有室内的主馆、练习馆，还有室外的篮球场、网球场。建成后的体育场馆既可以举办各种大型体育赛事，也可以举行群众集会和文艺表演活动。整个建筑采用钢筋混凝土框架结构，场馆外墙全部采用大理石装修，由中国艺术家设计的叙利亚总统雕像，竖立在主馆大厅中央位置，整体造型庄严宏伟、大气磅礴。援外工程占地面积8万余平方米，由国家体委负责整体项目的具体执行工作，并通过国内建筑与材料、新闻与广播、通信与设计等行业的多家企事业单位协作运行。体育援外项目被叙利亚民众赞誉为"体育艺术宫"，在中东地区产生了广泛的影响，体育援外专家受到了高规格的表彰。叙利亚时任总统赞扬道："体育馆在中东地区独一无二，是两国人民友好的象征，为叙中友谊增添了新篇章。"[②]设计新颖的体育设施展现出独特风采，为国内企业树立了良好的口碑。

---

① 王晓舟：《1977—1994年中国体育对外关系变革与发展研究》，苏州：苏州大学，硕士学位论文，2013年，第32页。

② 郭体元：《我国援外体育场、馆建筑》，《体育文史》1983年第1期。

企业是以输出产品获取利润为目标的,要计算成本投入与终端使用价值,还要考虑市场规律及人们生活的实际需要。在计划经济体制下,企业进行生产的主要目的是满足国家需要,整合所有力量为国家经济建设服务,这是特殊历史背景下形成的经济模式,是在有限环境和条件下最优化的一种选择。[①]伴随而生的是某些弊端与不足的显现,如企业依靠指令调动而表现出产品单一性的特点,涉及援外的企业仅仅依靠外部需求驱动,竞争力难以提升,最主要的是忽视了人本主义思想的有效落实。市场经济体制在政策上得以确立后,企业如鱼得水般获得在大江大浪中锻炼的机会,能够早日进入国际市场并站稳脚跟,成为有理想的企业家远眺未来的长久规划。[②]同时,政府作为体育对外援助的官方联络媒介,本着为受援国提供最佳服务的原则,非常希望实力过硬的企业加入援外大军,为发展中国家及时援送技术领先的产品。

一直以来,政府有关部门对参与援外工作的企业,都要进行定期审核及质量把关,并依据公正合理的招投标程序择优进行选拔,确保援外体育产品的质量。2016年3月,山西澳瑞特健康产业股份有限公司荣获"中国出口质量安全示范企业"称号,这在业界是很高的荣誉,表明了官方对其供应援助产品的信任程度。[③]该企业制造和生产健身器材起步比较早,凭借先进的技术和领先的创新意识,提供自主研发的体育器材和健身产品,紧跟"全民健身战略"实施,成为国家体育总局稳定和长期的合作伙伴,全面服务于国家体育对外援助事业。"中国制造"的民族体育用品走向世界,李宁、安踏等中国知名品牌,伴随着体育器材装备的无私援赠,在国际赛事中大放异彩,引领着"和合"文化精髓及中华体育精神,吸引了全球运动达人的目光。当前,体育用品与健身器材已经深入日常生活,中国企业在体育对外援助中被熟知和认可,得到了参与国际分工及经济合作的机遇,在良性竞争中实现了产品质量和竞争能力的双提升。可以确信,企业单位踊跃加入体育援外队伍,将是大势所趋。

4.5.2.3 社会力量不断补充:有效完善运行结构

体育对外援助中的社会援助是指非政府组织、高校、民间团体、个人等实施的体育对外援助行为。一国公民对他国的善意表达,要比带政治色彩的政府行为更具亲和力和感召力。因此,在体育对外援助中纳入社会力量,可以适当稀释官方援助的政治色彩,使援助行为更容易被受援国及其民众所接受。

[①] 蔡禾:《计划经济下国有企业的二重性组织特征及其转变》,《中山大学学报论丛》1996年第1期。

[②] 陈汉成:《论市场经济背景下,中小企业面临的发展困境及对策》,《时代金融》2018年第36期。

[③] 王涵:《澳瑞特跻身体育产业"国家队"》,《长治日报》2017年2月13日。

（1）高等教育院校的承接。 无偿为外国培养体育专业留学生，是高等体育院校一项重要的体育援外工作。20世纪50年代末期，在教育部的沟通协调和统筹安排下，北京体育学院开始招收体育专业留学生，为体育发展水平相对落后的友好国家全面培养优秀的体育人才。留学生按照国家的接待标准统一分派，既有运动技术专项的训练与教学，也有体育基础理论的普及和实践。1958年10月，北京体育学院第一次接收了10名越南留学生，进行体操专项的学习。1959年11月24日至12月1日，阿尔及利亚足球队一行18人前往北京体育学院接受短期培训。[①]1960年3月1日，第二批越南留学生共计16人来到北京体育学院，进行了为期5年的学习。1960年7月17日，柬埔寨篮球队的7名运动员到北京体育学院接受短期技术训练。[②]上海体育学院是中华人民共和国首个成立的高等体育院校，在1961年接受了国家体委的援外任务，为柬埔寨皇家足球队一行19人进行为期3个月的短期指导，学员在培训班期满后返回本国。[③]1961年12月14日，北京体育学院专门成立了留学生办公室，对人数不断增多的留学生加强管理。1994年，外国留学生的在校数量突破了100人，并在之后的若干年份中长期保持在200人左右。如今，中国高等体育院校培养的来华留学生，纷纷活跃在世界各地和国际体育组织中，加蓬留学生本扎现为国际武术联合会委员，越南留学生黎德章担任了越南体育大学外事处处长，他们为促进中外友好交流发挥着重要的作用。2019年7月7日，在萨摩亚举办的太平洋运动会如期开幕，中国体育对外援助的一系列成果，在本次赛会的前期准备与后续合作中发挥了特殊作用和重要影响。其中，湖南体育职业学院、衡阳师范学院、湖南理工学院、长沙商贸旅游职业技术学院等高校，为萨摩亚来华集训的各项目运动队提供了良好的训练场地和后勤保障。

（2）各级体育协会的参与。 自中华人民共和国成立以来，中华全国体育总会对外一直代表中国奥林匹克委员会，于1954年得到了国际奥林匹克委员会的正式承认。1991年，为了申办2008年北京奥运会，中国奥委会正式申请注册成立。中国奥委会和中华全国体育总会是全国范围的群众性非政府组织，在配合中国政府进行体育对外援助中发挥了积极作用。1978年10月11日，中华全国体育总会在曼谷

① 夏天：《北京体育大学在中国体育外交史上的地位与作用研究》，北京：北京体育大学，硕士学位论文，2015年，第36页。

② 北京体育大学校史编辑委员会：《北京体育大学校史（1953—2003）》，北京：北京体育大学出版社，2003年，第46页。

③ 储江：《论体育外交》，《体育文化导刊》2009年第4期。

举行仪式,向泰国奥林匹克委员会援赠了一批体育器械和8000个羽毛球。[①]2003年1月14日,中国奥委会向蒙古国奥委会援送了价值20万元人民币的体育医疗检测设备,交接仪式在蒙古国首都隆重举行。[②]2005年11月,中国奥委会向柬埔寨奥委会与阿尔巴尼亚田径协会分别赠送了一大批田径器材和射击装备。

2006年11月6日,中国奥委会秘书长顾耀铭先生接待了毛里求斯青年与体育部部长邓学升一行。在会谈中,邓学升表示,为备战印度洋运动会,希望中国为毛里求斯运动员来华训练提供帮助。国家体育总局田径、篮球、游泳、乒羽等运动协会的领导,就相关问题与邓学升进行了详细沟通。2006年11月16日,中国奥委会副主席于再清在北京会见了哈萨克斯坦体育委员会主席安·库利纳扎罗夫,双方就体育合作以及北京奥运会的相关问题进行了友好交谈。安·库利纳扎罗夫说:"中哈两国从建交开始就关系密切,经常互派代表团进行体育交流,希望在2008年来中国集训之际,能在摔跤、拳击、田径等11个项目上获得便利条件。"[③]中方表示会调动各级体育协会积极参与,非常愿意通过体育对外援助的合作平台,促进中哈两国友好沟通和共同发展。2008年北京奥运会的如期举办,成为中国进一步做好体育对外援助的有利时机。许多友好国家提出了援助请求,有的想来华进行赛前训练,有的想在奥运会期间建接待中心,有的需要先进技术和体育器材的支援,中国奥委会逐一满足了这些国家的愿望。

(3)民间体育援助的补充。在引进外国优秀运动员来华训练方面,一些民间组织加入体育对外援助队伍,为他们提供良好的氛围以快速提高其竞技水平,促进世界竞技体育运动的均衡发展。广州国际乒乓球中心于2016年3月注册发展成为公益性体育社会组织,被国际乒乓球联合会评为全球仅有的6家A级培训中心之一。该中心在每年的不同季度分别进行免费培训,已经为500余名国外青少年运动员提供了全面指导。[④]该中心积极配合《中国乒乓球运动第三次创业计划纲要》的有效落实,向国外青少年传播乒乓球文化,让更多的外国友人了解与认同中华文化。在2016年里约奥运会上,日本乒乓球队整体成绩的异军突起,让世界乒坛和国际社会刮目相看,充分体现了中国体育对外援助的无私奉献精神。民间体育对外援助的内涵在深化、结构在充实,它不仅仅指通过民间渠道"输出"中国体育技术人员,还应包括通过民间渠道"引进"外国优秀运动员。受聘担任外国国家队的高水

① 中国体育年鉴编辑委员会:《中国体育年鉴1978》,北京:人民体育出版社,1981年,第22页。

② 国家体育总局:《中国体育年鉴2004》,北京:中国体育年鉴社,2004年,第42页。

③ 国家体育总局体育文化发展中心:《中国体育年鉴2007》,北京:中国体育年鉴社,2008年,第338页。

④ 黄心豪:《为"养狼"计划提供基地》,《中国体育报》2013年4月1日。

平的中国籍教练,以及中国为外国培养的优秀运动员,都将成为中国体育对外援助的"海外兵团",让中国传统优势项目照亮璀璨的星空。2012年6月22日,扬州大学体育学院的两位学生回到国内,通过援外志愿者协会提供的民间渠道,完成了援助圭亚那的武术教练工作。在一年援外工作中,两位同学牢记志愿使命和雷锋精神,因地制宜创建中华武术训练基地,为圭亚那中国年献上富有民族气息的舞龙表演,受到圭亚那总统和总理的多次接见,促进了中华文化传播和国家形象建设。以民间交往为渠道、优势项目为依托、个人行动为亮点,中国体育对外援助搭建了民众之间的外交平台,促进了中国优秀传统文化与外国优秀传统文化的交融。

4.5.3 中国体育对外援助的微观运行机制

4.5.3.1 运行方式:无偿与合作相辅助

(1)"无偿主导、合作辅助"的运行方式。无偿体育对外援助是援助者将体育资源无条件转让给受援方,受援方无须提供薪酬待遇且不用偿还经济成本,也无须担负任何利息的援助行为。对援助国而言,这是一种最亲切和友好的表达方式,但因其是一种有去无回的开支,所以比较考验援助国的经济实力。中华人民共和国成立初期,政府克服巨大困难,顶住重重压力,为周边社会主义国家和友好民族国家提供了大量的无偿体育对外援助。中国体育对外援助是真诚无私的,是发扬共产主义精神并遵循国际主义原则的,是建立在和平共处五项原则基础上的,是从不附带任何政治条件的。正如毛泽东在会见埃及驻华大使哈桑·拉加卜时所讲的那样:"我们的帮助没有任何条件。你们有什么需要,只要我们能力所及,一定帮助。"[1]

1964年12月21日,在第三届全国人民代表大会第一次会议上,周恩来总理提出:"这几年来,随着我国社会主义建设事业的发展,我国对外援助的规模日益扩大。我们总结了多年来的实践,制定了对外经济技术援助的八项原则。……我们一贯克己助人,采取无偿赠予或低息、无息贷款的方式提供援助。"[2]贷款援助是受到世界普遍认可的,被各国广泛采用的一种援外合作形式。发达国家往往抓住受援国陷入资金匮乏困境的时机,对贷款附加各种利己的政治条件,借援助之名义达成控制之目的。[3]而对于中国不附加任何条件的援助理念,有外国学者评论道:"中

---

① 中共中央文献研究室:《毛泽东外交文选》,北京:中央文献出版社,1994年,第249页。

② 周恩来:《第三届全国人民代表大会第一次会议上的政府工作报告》,《人民日报》1964年12月21日。

③ 薛琳:《周恩来对外援助思想研究——以新中国对亚非国家援助为中心的考察》,《党史研究与教学》2013年第3期。

国援助的最大特点就是无附加条件,在中国人看来,附加条件是苏联和西方国家采取的帝国主义行径。"[1]对此,周恩来还特别强调:"我们的贷款一是无息,二是长期,三是可以延期偿还,四是不还也可以。"因为,"我们给人家贷款是为了帮助人家发展民族经济,而不是使人家背上包袱,成为人家发展经济的障碍"。[2]

在1958年为蒙古、1963年为印度尼西亚、1966年为柬埔寨相继无偿援建体育场馆后,1966年,为帮助坦桑尼亚建设桑给巴尔体育馆,中国开启了贷款援建的优惠合作方式。[3]由于无偿援助方式涉及的金额十分巨大,所以中国开始更多地采用优惠合作方式援建体育场馆设施(见表4-8),推动了硬件类体育援助向"合作为主、无偿为辅"的运行方式转变。此时,软件类体育援助中的各种体育援外形式,并未发生变化。中国体育对外援助从"完全无偿援助"向"无偿主导、合作辅助"的方式发展。这种体育对外援助方式以资源的向外流动为主,一定程度上违背了量力而行原则,也未能有效激发受援国提高自身"造血"能力,因而欠缺对"援助与受援"双方的全面关照。

表4-8 1957—1977年体育援外场馆的执行情况

受援国家	体育场馆设施	签订时间	开工时间	援助形式	援助方式
蒙古	体育中心、体育场	1958年	1958年	赠送	无偿援外
印度尼西亚	体育场馆	1963年	1963年	赠送	无偿援外
柬埔寨	体育场馆、游泳池、国际村	1966年	1966年	赠送	无偿援外
坦桑尼亚	桑给巴尔体育场、宿舍	1966年	1968年	贷款	援外合作
索马里	摩加迪沙体育场	1972年	1975年	贷款	援外合作
叙利亚	大马士革体育馆	1972年	1975年	贷款	援外合作
塞拉利昂	西亚卡·史蒂文斯体育场	1973年	1975年	贷款	援外合作
贝宁	友谊体育场	1974年	1977年	贷款	援外合作

资料来源:根据中体国际相关资料进行整理。

中国是人口众多的低收入发展中国家,人均国民生产总值的整体水平并不高,

---

[1] John Franklin Copper,China's Foreign Aid:An Instrument of Peking's Foreign Policy,Lexington:Lexington Books,1976,p.271.

[2] 中共中央文献研究室:《周恩来年谱(1949—1976)》(中卷),北京:中央文献出版社,2007年,第656页。

[3] 郭体元:《我国援外体育场、馆建筑》,《体育文史》1983年第1期。

在提供体育对外援助资源时,从未对援助申请国提出无理要求。虽然无偿体育援外方式主导着中国体育对外援助,但是中国政府和人民从没将其当作"单方面的赐予",始终强调这是相互的支援。①曾任也门副总理的苏凡表示:"毫无疑问,中国援助在情感上是高尚的,是值得我们赞赏的举动。"②同时,中国以平等的心态对待受援国家及其民众,为世界范围内的体育事业进步及民众健康做出了巨大贡献。一些国际人士对中国的无私援助行为印象深刻,塞拉利昂前总统史蒂文斯称赞中国为该国援建的体育场"质量是非洲一流水平"③。

(2)"合作主导、无偿辅助"的运行方式。体育援外合作是具有援助性质的体育对外合作,是以优厚的条件、优惠的方式对受援方给予帮助,在实施援助的同时也能够为援助者带来一定经济收益或政治利益,实现援助双方的互利共赢。体育援外合作强调援助的公益性与资源流动的双向性,它不是援助者单方面的付出或给予,而是援助者与受援方的平等合作、共同发展。经济合作与发展组织成员方普遍认为:"发展合作不是一种慈善行为,而是一种明智的举动,一种集体生存的法则,一种对双方都有利的行动。"④事实表明,中国的财力有限,经济供给与发展需求的矛盾仍将长期存在,过度提供无偿援助是不可持续的,需要转变体育对外援助的主导方式,让有限的体育援外资金得到循环使用,为受援方做出更多更有效的实事。

20世纪80年代,冷战对峙有所缓和,民族国家独立和解放运动渐渐走向尾声,广大发展中国家在国际政治舞台已占有一席之地,通过经济建设提升本国人民生活水平,成为首要任务。中国的对外政策由"经济为外交服务"向"外交为经济服务"转变,这种开阔的思路指明了体育对外援助的改革方向。⑤在市场经济大潮引领下,通过体育对外援助来追求相对的经济收益成为常态。中国体育对外援助改革的一个重要目的,就是改变体育对外援助的单一性,将无偿赠予主导的非营利性方式转变为优惠合作主导的有偿性方式,促进体育对外援助与互利合作相结合。中国提出了"平等互利、讲求实效、形式多样、共同发展"的对非经济技术合作四项原则⑥,凸显出无偿支援与有偿合作相辅相成的重要性。1987年,在完全遵循合理的国际市场价格基础上,体育援外教练员的国外工资待遇部分,转变为"合作为主、

---

① 潘亚玲:《中国特色对外援助理论建构初探》,《当代亚太》2013年第5期。
② 徐春林:《互利共赢 共谋发展》,《国际商报》2010年8月14日。
③ 伍绍祖:《中华人民共和国体育史(1949—1998)》,北京:中国书籍出版社,1999年,第469页。
④ 周弘:《对外援助与国际关系》,北京:中国社会科学出版社,2002年,第441页。
⑤ 孙同全:《中国对外援助研究的现状及流派评析》,《国际经济合作》2014年第10期。
⑥ 赵紫阳:《对非经济技术合作四项原则》,《人民日报》1983年1月15日。

无偿为辅"的援助方式。由此,硬件类体育援助的资源供给和软件类型的技术支援,全部采用"合作为主、无偿为辅"的援助方式。

实际上,20世纪80年代后期开始,中国对非洲进行援助时的表达语境里,已经逐渐增加"合作"一词的使用频率。1995年,开放进一步扩大、改革逐渐深化,中国积极推动政府贴息贷款的援助形式。1997年和1998年,对外经济贸易部举办了两届中国援外方式改革国际研讨会,共有来自亚洲、非洲、拉丁美洲、加勒比海及南太平洋地区30个发展中国家的30名主管对外援助的政府官员出席会议。在会议上,中国重点介绍了对外援助改革的目的、意义和具体措施,与会代表普遍对中国援外方式改革和优惠贷款援助形式表示认可。到1998年末期,接受优惠贷款援助的国家达到了43个,占经常接受中国援助国家的45%。[①]截至2000年底,中国已同48个国家签署了优惠贷款协议78笔,外经贸部向中国进出口银行推荐了124个项目,进出口银行评估通过了75个项目,中国企业实施了54个项目。[②]2015年12月,在中非合作论坛约翰内斯堡峰会上,中国政府承诺在未来三年对非援助中,以无偿结合贷款的方式提供50亿美元,重点投入体育场馆等公共基础设施方面。[③]体育对外援助合作能够增加体育资源与资金的循环流动速度,加快中国与受援国内外系统的更新和优化,提升中国政府承担大国责任的体育援外能力。

4.5.3.2　运行类型:硬件与软件相协调

(1)硬件类型不断增加。硬件援助是开展体育运动的基础和保障,也是推动体育事业发展的必要条件。中国政府集中精力进行国内经济建设时,同样关注贫穷落后国家的生存与人民疾苦,力所能及地给予发展中国家最大支持,真正体现了中国政府的人道主义情怀。

第一,援建体育场馆设施遍布全球。场馆设施是人民群众进行体育活动的场所,是受援国民生领域的重要基础项目。1985年11月9日,国务院副总理田纪云在肯尼亚访问期间,视察了中国援建的国家体育综合设施工地,并赞扬这一项目是中国和肯尼亚两国之间友谊与合作的体现和结晶。[④]1992年4月24日,全国人大常

---

① 中华人民共和国对外贸易经济合作部:《中国对外经济贸易白皮书1999》,北京:经济科学出版社,1999年,第103页。

② 中华人民共和国对外贸易经济合作部:《中国对外经济贸易白皮书1999》,北京:经济科学出版社,1999年,第102页。

③ 刘青海:《一带一路视角下的中非基础设施合作现状》,《中国社会科学报》2018年4月2日。

④ 国家体委:《中国体育年鉴1986》,北京:人民体育出版社,1988年,第50页。

委会副委员长陈慕华在内罗毕为中国援建莫伊国际体育中心的竣工典礼进行剪彩,并将验收合格证书交给肯尼亚总统莫伊。①中国领导人经常询问这些援外项目的工期与进度,并充分利用出国访问的机会亲临现场,慰问中方专家并详细了解施工情况。2007年1月30日,国家主席胡锦涛对喀麦隆进行国事访问时,十分关注援建中的雅温得综合体育馆的进展情况。该体育馆集篮球、排球、手球、羽毛球、击剑、体操、拳击等项目为一体,能满足承办国际赛事的标准和要求,还可作为竞技体育训练及大众健身场所,也可举行大型文艺演出与群众集会活动。喀麦隆人民有着很高的运动天赋,爱好各种体育项目,对这座象征两国友谊的"中国体育馆"充满期待。②

援建体育场馆设施既有优惠合作完成的,也有无偿赠予的。自中非合作论坛成立以来,中国通过无息贷款、优惠贷款等形式,为贝宁、喀麦隆等国家援助建设了多个体育场。2005年,加勒比海的小岛国格林纳达收到了中国政府馈赠的礼物——建设费用高达5500万美元的板球体育场,是为2007年举办板球世界杯而援建的,是中国提供给加勒比海各国总额1.32亿美元低息贷款的一部分。③2003—2008年,中国向巴哈马、苏里南、玻利维亚、圭亚那等11国发放23笔优惠贷款,援建了体育场、会议中心等成套项目。2010年12月2日,蒙古国在首都召开了隆重的援外设施庆典,蒙古国总理带领多名政府高级官员出席会议,在报告中对中国政府的援助表达了衷心感谢,并希望借此契机深化两国的体育合作。由中国政府承担1.15亿元人民币无偿援建的体育设施,是中蒙两国友谊代代相传的新象征,是两国友好关系在体育领域内卓有成效的新发展,是2006年两国签署的体育合作框架协议下的新项目,将揭开两国体育外交合作的新篇章。

第二,援赠体育器材装备一如既往。1965年3月、4月、7月,国家体委分别通过中国驻外大使将大批体育器材无偿援赠给刚果(布)青年和体育部、阿尔巴尼亚体委、索马里教育部。1966—1975年,国内生产部门处于停滞状态,体育对外援助无法正常运转,即便在如此困难的情况下,中国政府仍于1967年4月无偿援赠索马里价值4万多元的体育器材装备。1976年2月24日,中国驻坦桑尼亚大使馆临时代办张俊华,代表国家体委员向坦桑尼亚政府援赠了一大批体育器材和运动服装。④1983年11月12日,中国驻科摩罗大使馆临时代办董亚平,把国家体委援赠

① 国家体委:《中国体育年鉴(1992—1993)》,北京:人民体育出版社,1998年,第1249页。

② 纪娟丽:《国之交在于民之亲》,《人民政协报》2010年3月26日。

③ 孙洪波:《中国对拉美援助:目标选择与政策转型》,《外交评论(外交学院学报)》2010年第5期。

④ 中国体育年鉴编辑委员会:《中国体育年鉴1976》,北京:人民体育出版社,1981年,第16页。

给科摩罗的一批体育用品转交给科摩罗国民教育、文化、青年和体育部。[①]1985年7月4日，国家体委向布基纳法索援赠体育用品和器材，通过其驻华使馆转交并举行仪式。[②]1987年3月18日，中国驻肯尼亚大使薛谋洪，在内罗毕代表中国向肯尼亚政府转交了一批价值约120万美元的体育器材。[③]

　　2005年1月、4月，国家体育总局向埃及阿拉伯武术协会、巴基斯坦武术协会援赠了一大批武术练习的器材和装备。2006年，亚洲小岛国东帝汶总统提出援助请求，希望中国帮助发展青少年足球事业，在收到中国政府赠予的1000双足球鞋及200个足球时，足球协会的体育官员向中国政府代表致以诚挚的感谢和衷心祝福。[④]2007年，国家体育总局向突尼斯青年和体育部、喀麦隆体育部援赠了一批体育物资及先进器材，以促进该国发展体育事业。提供体育器材装备是无偿的对外支援，不附加任何条件的原则让受援国深切感受到来自中国的人道主义关怀。

　　第三，援送体育资金不遗余力。20世纪60年代开始，世界民族解放运动的浪潮席卷全球，亚非拉的民族国家纷纷实现独立，成为国际政治舞台不可忽视的新兴力量。1962年8月，第四届亚运会在印度尼西亚首都雅加达举行。印度尼西亚政府在考虑中国主权和自身阿拉伯立场的前提下，拒绝邀请台湾地区和以色列参加本届亚运会，但这一正义行为遭到了国际奥委会的无理制裁。国际体育组织这种霸权主义行径，受到了第三世界国家的强烈反对。印度尼西亚时任总统苏加诺随即提出自行举办新兴力量运动会的倡议，希望能够创建一个奥林匹克体系之外的独立体育运动会。该倡议立即得到新兴力量国家的广泛支持，中国政府完全站在印尼一边，坚决支持这一正义行动。刘少奇和周恩来共同致电苏加诺，称赞道："新兴力量运动会的举办，标志着新兴国家的人民在反对帝国主义，和新殖民主义对国际体育事业的操纵及垄断的斗争上取得了重大胜利。"[⑤]中国政府通过各种媒体进行宣传，还为印尼政府提供了大量物资，无偿援建比赛所用的综合运动场馆，并及时供应了配套所需的先进器材设备。印尼的综合经济实力有限，为了让更多的国家参与到赛会之中，其非常希望中国政府能在经费上慷慨相助。当时，中国国内经济形势不容乐观，却要为远道而来的亚非拉国家提供路费，确实显得捉襟见肘。[⑥]

① 张彩珍：《中国体育年鉴（1983—1984）》，北京：人民体育出版社，1987年，第46页。

② 国家体委：《中国体育年鉴1986》，北京：人民体育出版社，1988年，第28页。

③ 国家体委：《中国体育年鉴1988》，北京：人民体育出版社，1991年，第11页。

④ 国家体育总局体育文化发展中心：《中国体育年鉴2007》，北京：中国体育年鉴社，2008年，第340页。

⑤ 谷雨：《黄中同志回忆：周总理等老一辈革命家关怀新运会二、三事》，《体育文史》1986年第1期。

⑥ 俞大伟：《中国体育对外援助主体的发展策略研究》，《体育文化导刊》2016年第12期。

为此,国家相关机构与部门召开了会议,并将具体情况上报,得到了组织的快速批复:"全力给予援助,一定要坚决保障本次赛会的如期召开。"这次盛会的成功举办开创了历史先河,中国政府是外部友情支援的中坚力量。2010—2012年,中国无私提供紧急人道主义援助,包含了物资设备和现汇援助,价值总计15亿元人民币左右。同时,免除9个最不发达国家和重债穷国到期未偿还的贷款债务累计14.2亿元人民币。①这些巨额款项转变为无偿援助资金。

(2)软件类型持续开发。 20世纪70年代,中国政府开始重视体育场馆设施管理运营的技术合作,扩大了外国运动员来华训练规模,推动了大型体育赛事运行方面的援外合作。

第一,重视体育场馆设施的管理培训。体育场馆设施在如期交工后,经常出现运营不顺畅的情况,如何巩固体育援外成果受到中国政府的关注。中国政府开始重视与硬件援助配套的技术合作,增加了对体育管理人员进行相关领域系统培训的投入。1984—1985年,中国分别向冈比亚、布基纳法索、毛里塔尼亚等国家派出体育场技术合作组,对援建体育场馆设施的正常运营进行全方位指导,并为受援方全面培训体育管理人员。

2013年12月,东南亚运动会即将在缅甸拉开帷幕,由于东道国在体育场管理与运营方面的经验不足,其非常希望中国在此方面给予支持和帮助。因多次举办亚洲运动会和奥运会等重大赛事,中国积累了十分丰富的经验,本着为受援国提供真诚友好的援助服务的原则,中国同缅甸政府在2012年9月签订了技术援助协议。②针对体育设施管理系统、开幕式与闭幕式的协作,中国提前派出了几百名体育援外专家团队前往缅甸,同缅甸相关部门的员工肩并肩合作,将本届赛会紧张有序地推向高潮且取得圆满成功。中国体育援外专家设计的管理系统,是大型综合性体育场馆必需的核心技术,在体育场馆的空间布局、体育设施的合理利用等方面,提供了智能型的模块式科学处理方法。同时,在硬件体育资源的对外租赁、软件体育资源的内部开发、大型体育赛事的现场调度等方面,中国为缅甸提供了全方位的援助合作,有效提升了缅甸独立自主运行体育场馆的能力。2017年6月,商务部组织的发展中国家体育设施管理与维护研修班,为28个国家的体育官员提供了相关知识的理论培训和实践指导。在第一站的学习安排中,中国知名外交官、国家

---

① 国务院新闻办公室:《中国的对外援助(2014)》,北京:人民出版社,2014年,第11页。

② 阳琳赟:《援缅第27届东南亚运动会竞赛信息系统的建设和实施》,中国体育科学学会:《第十届全国体育科学大会论文摘要汇编(一)》,2015年。

体育总局领导、中体国际公司主任、体育科研学者等,为接受援助指导的官员进行知识体系培训。在第二站的实践考察中,学员深入高等体育院校、体育人才培训基地、体育教育产业园等,进行体育管理的亲身体验与沟通座谈。

第二,扩大外国运动员来华训练规模。外派教练员是体育对外援助的重要内容,表现为以少数带动多数的发展态势。在一些小球和跳水等技术类运动项目中,中国体育军团拥有绝对的领先优势,在人才选拔、竞赛训练、系统培养等方面比较成熟,若能积极吸引外国运动员来华接受指导,就会有效形成"以多带少"的良性发展局面。经过深入开发的多元化体育链条,能够为受援国运动员提供良好的训练环境,为他们快速了解中国优势项目提供保障。中国体操教练员李朝阳,从培训周边国家的青少年着手,科学选拔具有发展潜力的青少年运动员来到中国与同龄队员一起训练。经过几年的实践,收到了显著成效,在越南作为东道主举行的东南亚运动会上,这些小队员以绝对实力为本国赢得了多枚金牌。2005年,根据中菲两国签订的体育合作备忘录,菲律宾派出了12个体育项目的200多名运动员和教练员,前来中国的上海、厦门、北京、内蒙古和四川等地接受训练。菲律宾之所以派出大规模的体育团队来华受训,主要是因为中国竞技体育实力逐渐提高,以及中国优势项目在国内拥有良好的综合条件。此外,老挝国家队的男女乒乓球运动员也长期在中国各地接受训练。

中国体育对外援助紧随国际资源流动的新潮流,在推动国内体育资源"走出去"的同时,为国外体育资源提供多种"请进来"的渠道,利用我国职业联赛的成熟运作对他们进行培训,促进更多的国外运动员向更高层次提升。2006年11月,于再清在全国体育外事工作会议上提出:"要以更加开放的姿态,处理好其他国家和地区的运动员来华进行赛前训练等相关问题,顾及他们的合理愿望和要求,尽可能地提供一切条件。"在国际交往中,国家的良好形象表现在讲信用、重承诺、言必信、行必果上。中国非常重视承诺的履行,完全按照国际惯例办事。2008年奥运会前夕,通过建立对外培训基地、开办教练员学习班、吸引部分运动员来华训练等方式,中国在跳水、乒乓球、田径等众多项目上提供了无私的全方位体育对外援助。北京奥运会上,中国体育代表团以辉煌的成绩征服了世界,很多国家希望有更多机会让本国的优秀运动员到中国进行训练和学习,加强双方在体育领域的沟通与互动。2017年,受政府有关机构和企业单位委托,湖南理工学院获批设立对外体育技术培训基地,承担发展中国家体育技术人员的来华援助,对接"一带一路"倡议与南南合作工程。湖南理工学院体育学院十分重视此项工作,充分利用现有的运动人体科学实验室、体质监测和康复理疗等体育实验中心,先后对来自亚非拉发展中国家的200余名体育技术人员进行了高水平的体育训练和专业指导,为"一带一路"倡议的实施提供了体育技术合作平台。

第三,推动大型体育赛事的运行合作。2001年2月,袁伟民在全国体育局长工作会议上提出:"要利用申办2008年奥运会的时机,扩大对外交往并争取更多的朋友,特别要加强与亚非拉国家的友好关系,提供必要的援助。"北京奥运会的开幕式是奥运史上前所未有的一次盛会,体现了中国综合国力的提高和国际地位的提升。2008年8月9日,国家体育总局在北京接待了老挝常务副总理和国家体委主任的访问。中国和老挝的历史交往源远流长,在体育方面的友好往来日益密切,双方表示要进一步深化合作。老挝希望能学习中国在奥运会组织上的成熟经验,为全力办好2009年东南亚运动会做好充分准备,并请求中国在运动训练、体育器材和兴奋剂检测方面提供援助。中方表示同意,双方签署了体育合作谅解备忘录。

在北京奥运会"无与伦比"的精彩呈现后,世界将目光聚焦到中国,一些国家希望早日分享大型体育赛事成功举行的丰富经验。2008年8月,国家体育总局在北京接待了玻利维亚体育卫生部副部长一行。玻利维亚意在加强体育方面的交流与合作,学习中国举办国际大赛的宝贵经验,并希望中国为玻利维亚举办2009年玻利瓦尔运动会提供技术援助。2008年9月,国家体育总局在北京接待了马来西亚青年体育部访问团一行。马来西亚首先代表本国政府向中国表示祝贺,称赞第29届奥运会是一届获得巨大成功的奥运会。同时,马来西亚希望加强两国在体育领域的沟通和交流,希望中方为其举办亚运会和沙滩运动会等大型赛事给予指导和援助,中国表示将竭尽全力满足其要求。北京奥运会真正让世界了解了中国,也让中国了解了世界。2019年7月24日,广西南宁迎来了发展中国家大型体育赛事组织研究班成员,他们专程来华接受中国政府定期组织的相关体育援助培训。①在商务部相关部门的组织安排下,来自发展中国家的18名体育及教育领域官员,期望学习成功举办赛事的宝贵经验,重点考察社会知名的体育场馆和园区,积累体育产业推广的理论知识与实践经验。

4.5.3.3　运行形式:多元与创新相交叉

中国政府依据国际政治经济变化,紧随时代发展趋势,在多年体育援外实践经验基础上,保持优势、不断创新,相继推出多种体育对外援助形式,为国际体育援助

---

① 《发展中国家大型体育赛事组织研修班学员来邕考察》,《广西日报》2019年7月25日。

事业贡献了中国智慧。①从体育教练的向外派出到体育人力资源的来华培训,从体育场馆设施的援助建设到体育器材装备的无偿赠送,从体育援外专家的全面指导到体育援外志愿者的深入基层,形式多样的体育对外援助无处不在、推陈出新。

(1)体育援外教练。在众多形式中,外派体育教练是国际体育对外援助体系中最常见的。中国体育对外援助运行,就是以外派体育教练为开端的。在实践工作中,体育援外教练员快速进入工作岗位,迅速调整状态适应当地的生活和训练,在有限时间内带领受援国取得可喜的成绩。周树森教练曾经在北京队和国家队执教,多次取得国内外各大赛事的重要奖项,为乒坛培养出多位享誉世界的顶尖运动员。他于2009年接受体育援外任务,前往新加坡担任女子乒乓球队主教练,仅仅经过一年时间的精心安排和针对性训练,他便带领弟子一举夺得世锦赛女团桂冠。随着教练知名度的提高,向中国提出派送体育援外教练的需求源源不断。

(2)体育人力资源培训。外国体育人才前来中国接受培训,形式有留学生到高等体育院校接受体育教育,也有高级官员来华接受中短期的体育管理培训,还有运动员来华接受长期的竞技体育训练等。国家体育总局充分调动自身的专业优势,利用高等体育院校、各级竞技体育训练平台,为来华的各领域体育人才提供理论和技术指导。商务部和教育部充分调动综合类高等院校的力量,为发展中国家的体育官员提供全面培训,致力于提升体育人才的综合管理能力。2017年6月20日,发展中国家大型体育赛事竞赛组织研修班在北京开课,来自加纳、赞比亚等非洲10个国家的31名体育官员接受培训。商务部国际官员研修学院承办此次援外项目,特别设置了专题研讨与实地考察调研两个主题,邀请了中国体育官员、体育大学教授、体育赛事运营专家进行授课,就中国国情与传统文化、体育设施管理与维护、体育赛事运行与保障等内容进行了深入交流,带动了中国与受援国的进一步友好合作。在外派援助专家进行指导方面,有高级体育教练员的专项技术传授,也有体育科学研究人员的科研实验讲座,还有资深体育学者的学术理论报告等内容。在2005年联合国千年发展目标会议上,中国承诺未来三年为发展中国家培训3万名各类人才。②在2006年中非合作论坛北京峰会上,中方强调未来三年每年为非洲培训5000名各类人才。③这个计划涵盖了体育事业在内的多个行业,彰显了中国体育援外培训的决心。

---

① 俞大伟、袁雷、郑元男:《中国体育对外援助运行体系研究》,《北京体育大学学报》2017年第1期。

② 鹿宁宁:《我国面向发展中国家的技术培训》,《中国科教创新导刊》2011年第7期。

③ 张春:《构建新型全球发展伙伴关系——中非合作对国际发展合作的贡献》,《国际展望》2013年第3期。

（3）**体育援外资金**。改革开放以来，中国逐渐增加对贫困国家人才的培养途径，不断扩大政府奖学金的额度和留学生来华的数量。1983—1986年，非洲地区接受奖学金的留学生扩大了3倍，从原有的年均400人次迅速扩增到1600人次。2005—2009年，教育部又两次加大奖学金支持力度，为非洲留学生提供学费、路费等生活津贴。[①]到2006年，有2万余名受到奖学金援助的非洲留学生来到中国接受教育培训。在体育对外援助资金的支出方面，还有一个经常被人们忽略的重要内容，那就是中国政府对受援国的债务减免。2015年底，中国已全部免除最不发达国家、内陆发展中国家、小岛屿发展中国家向中国政府申请的无息援助贷款。[②]通过无息贷款合作方式进行援建的所有大型体育场馆设施等工程，成为中国政府的巨额现金援助项目，展现了中华民族勇于担当的国际主义精神。

（4）**体育援外专家**。中国政府外派的体育援助专家，既有短期在国外进行技术指导的，也有常年在受援国辅助体育训练的。有的中国体育援外专家知名度非常高，在受援国成为家喻户晓、老少皆知的明星，他们出现在一些公共场合时，会受到广大人民群众的热烈欢迎。1986年3月，中国政府援建缅甸的杜温娜体育馆正式交付，室内场馆可举办各种球类比赛，后由于年久失修和材料老化等，场馆已不敷使用。中国政府于2016年5月对这座体育馆进行维修改造的考察，清华大学建筑设计研究院组成的专家团队前往缅甸进行全方位检测和评估，同受援方协商具体的方案与设计。体育场馆落成虽已20余年，但在设施安全性与结构优质性方面，均通过了体育援外专家的技术测试。中国政府派出一流水平的援外专家，充分考虑当地的气候环境和特点，主要更新体育器材设备，对本次维修改造进行全新升级，为缅甸开展体育文化交流搭建了平台。中国政府和驻外使馆十分关心援外专家的工作和生活，定期与体育援外专家保持沟通交流，为他们提供力所能及的支持和保障。

（5）**体育援外器材装备**。自1981年开启武术对外援助至今，中国大量优秀武术教练员走向世界，配合武术器材装备为发展中国家提供无偿支援，传播了中华传统文化。尼泊尔是中国西部的友好邻邦，自古以来就与中华民族有着深入的人文交流，人民群众非常喜欢武术运动。[③]为了加强尼泊尔竞技武术团体的训练水平，中国政府于2010年4月提供了48万元的无偿援助，将质量上乘的各类器材和用具

---

① 钱旭升：《中国对非教育援助政策的话语变迁及建构》，《非洲研究》2016年第2期。

② 刘贞晔、李晓乐：《中国对外援助的历史进程与国家利益分析》，《中国战略报告》2017年第1期。

③ 盛英超：《从第16届广州亚运会武术比赛看中国武术的推广和发展》，《中华武术》2011年第1期。

交予对方,帮助他们在广州亚运会上取得佳绩。2012年,武术被列入2020年奥运会正式比赛的备选项目,提升了国人的文化自信,促进了武术的国际推广。"武术进入奥运会并不是目标的终止,目的在于把属于中国人的项目奉献给世界,让中华文化在海外生根发芽。"①2014年,中国政府全力支持坦桑尼亚参加英联邦运动会,接待该国乒乓球、田径、拳击项目的运动员和教练员来华进行了两个月左右的封闭式集训。考虑到坦桑尼亚以上运动项目在训练环境和硬件支撑上的不足,中体国际公司无偿援助了一大批训练器材,为运动队的日常训练提供了重要保障。中国政府充分考虑受援国的现实条件,在全力满足外派教练和接收队员需求的同时,也会根据不同运动项目的实际需要进行配套,赠送同运动项目发展直接相关的器材装备。

(6)**体育援外场馆设施**。大型场馆设施具有独特的建筑风格,是中国有关专家根据受援国历史文化积淀,结合民族传统特色进行的创新设计,能够满足受援国举办国内及国际大型体育赛事的需要,还可作为当地群众的体育休闲场所。受援国利用中国政府援助建设的大型体育场馆,在各种地区性及洲际性赛事中争得主办权,并借此平台对外传播国家的大政方针,吸引国际优良资本前来投资与合作。由此,既提升了受援国的地缘政治影响力,也让国际社会认识到中国的责任行使,提升了中华民族在世界政治舞台中的话语力量。有的大型体育援外场馆设施投入了巨资,是按照国际最高规格和奥林匹克标准设计的,深受中国政府重视和受援国人民的欢迎。2016年12月,中国援建科特迪瓦的大型体育工程正式剪彩,这个项目持续投入高达7.5亿元,目标是建成非洲最大和最完善的体育场。在小型便利性体育设施援助方面,中国驻非洲国家马里的联合国维和部队,利用7个昼夜加班加点连续工作,将一个十分简陋和破旧的足球场地,改建成整齐工整的标准体育设施,为加奥市青少年提供了全民健身的绝佳运动环境。在友谊足球场举行第一场比赛时,人民振臂欢呼:"感谢中国维和部队的无私援助,你们为加奥人民做出的突出贡献,我们将永远铭记于心。"②

(7)**体育援外志愿服务**。2004年,青年志愿者海外服务正式批准为对外援助内容,成为体育对外援助工作独具特色的一环。2015年7月,新的青年志愿者海外支援队伍集结完毕,这批充满阳光的青年才俊由17人组成,是在报名参与选拔的200人中挑选的精英,他们将秉承"践行志愿精神、传播中华文化、播撒爱心友谊"

① 冉学东、王岗:《对中国武术文化"走出去"战略的重新思考》,《体育科学》2012年第1期。
② 吴鑫:《中国赴马里维和部队:枪林弹雨中托起大国担当》,《国际援助》2016年第3期。

的原则,前往非洲东部小岛国毛里求斯开展志愿服务。①大多数志愿者是刚刚步入社会的大学生,热爱工作和生活,期望通过自己所学与专业特长回报社会,全身心地投入祖国需要的各行各业中,用青春和汗水推动民族繁荣昌盛。在实践中,援外青年志愿者要深入贫困地区,生活艰辛,进行体育教学与运动训练的条件十分艰苦,但是,中国青年以乐观向上的积极进取精神,将甘于奉献的中华民族文化带到国外民众生活中,加深了中外人民的文化沟通。2016年12月14日,17名贵州青年正式成为援助缅甸的志愿者。2008—2012年,贵州已先后独立外派4期援助志愿者。有志青年昂首阔步地走向发展中国家,为国际社会增添了斑斓秀丽的彩虹,为"大美中国"勾勒出内外互通的生动画卷。

4.5.3.4 运行渠道:双边、多边与非政府相结合

(1)双边体育援外渠道为主。 中国体育对外援助是以双边援助渠道为开端的,这有深刻的历史原因和现实背景。二战结束以后,美苏两个超级大国的对抗,主导着国际军事和政治、经济的发展主线。以美国为首的西方国家,利用军事包围、经济制裁、政治遏制等手段,将中国长期排除在联合国之外,全面阻挠中国的经济建设和社会发展。同时,国际奥委会等全球性的非政府组织,均受控于西方国家,中国政府根本无法通过国际多边机制推进体育对外援助的全面发展。中国政府被局限在"点对点"的援助关系中,却并未影响中华民族主动承担国际责任,有序推动体育对外援助的稳定运行和科学发展。

双边援助是在两个主权国家之间开展的外交活动,双方拥有正式的外交关系,两国政府通过官方媒介公开进行友好沟通,表现为援助与受援的一对一接洽,方便将要求和意见直接传递给对方,有利于援助者精准投入体育资源。由于中国政府坚决将八项原则落到实处,双边体育援助的独特优势更加凸显,发展中国家积极建立各种合作平台并日益扩大与中国的友好往来。改革开放以来,中国政府积极与西方发达国家联系,发展友好的双边沟通渠道,促进体育对外援助与国际援助体系的融合,扩大了中国优势项目与经济发达国家需求的对接,推动人数众多的优秀体育技术专家前往欧洲、北美洲等地区的援助性外派。②中国竞技体育成绩稳定发展、步步为营,在21世纪实现了跨越式的"三级跳"提升,在作为东道主首次举办的北京奥运会上,成为世界第一而站在竞技体育的巅峰。在此期间,双边体育对外援助渠道得到发展,中国政府主动为世界各国提供诸多便利,在赛前训练、赛时模拟、

---

① 俞大伟:《中国体育对外援助发展研究》,《体育文化导刊》2017年第6期。

② 袁雷、郭煜硕、俞大伟:《改革开放以来的中国体育对外援助研究》,《沈阳体育学院学报》2016年第4期。

赛后统计等领域给予全力支援,让参赛国家的官员和民众身临其境感受到北京奥运会的"无与伦比"。中国举办的奥运盛会成为无法超越的经典之作,感动了全球并吸引很多国家人员来华学习与模仿,一些政府高级代表和体育部门官员前来取经,诚恳希望中国奥委会分享宝贵经验,为他们承办国际性重大体育赛事提供援助。[①]国家体育总局有关领导与各国嘉宾深入交谈,以真诚的态度为他们解决所面临的各种困难,在力所能及的范围内提供体育援助。

(2)多边体育援外渠道拓展。多边援助是通过国际组织来协调会员和配比资源的活动,是援助国政府将体育资源提供给国际组织,再根据其专门援助机构的布局方案,有计划地向经济贫穷或发展落后的国家进行援助。就三方关系而言,国际组织保持中立,能够公平处理援助主体与客体的矛盾和冲突,所以受援国非常喜欢通过这种渠道接受外援。[②]中国在恢复联合国席位后,拥有了参与多边平台进行援助的合法权利,于1973年捐助了40万美元及380万元人民币,并在以后的多边援助中日益增加有关款项。[③]

1980年10月3日至1981年1月16日,北京体育学院为联合国教科文组织举办了乒乓球培训班,有来自巴布亚新几内亚、孟加拉国、菲律宾和泰国的乒乓球运动员参加学习。[④]基于对"发展体育运动国际基金"的捐助,中国再次承办了第二期培训班,并作为第三方对发展中国家进行培训。1982年4月5日至7月15日,来自印度、尼泊尔、斯里兰卡和斐济的6名运动员参加了培训班。[⑤]

中国敞开大门与世界人民友好互动,推动体育事业紧跟国际体育潮流发展。通过公开选拔,中国体育官员被推举为国际体育协会的援助委员,这是对中国体育人才以及体育对外援助的充分信任。中国体育官员在国际体育组织任职,让国际社会主流媒体和民众深层次感受到中华民族传统美德的内涵之丰富,有效提升了中国的国际话语权,有利于国际体育对外援助的多边发展。

(3)非政府体育援外渠道加入。非政府渠道的主体包括企业、非政府组织、高校、民间团体、个人等,其主体形式是多元的,流动方式是多样的,既有通过政府间协议沟通的,也有自愿及自发的。非政府援助的非官方色彩较为突出,能够有效淡

---

① 袁伟民:《中国体育年鉴2010》,北京:中国体育年鉴社,2002年,第338页。

② 黄梅波、王璐、李菲瑜:《当前国际援助体系的特点及发展趋势》,《国际经济合作》2007年第4期。

③ 中国对外经济贸易年鉴编辑委员会:《中国对外经济贸易年鉴1994》,北京:中国社会出版社,1994年,第816页。

④ 中国体育年鉴编辑委员会:《中国体育年鉴1980》,北京:人民体育出版社,1983年,第17页。

⑤ 国家体委:《中国体育年鉴1982》,北京:人民体育出版社,1984年,第10—11页。

化体育对外援助的政治因素,消除受援国政府与普通百姓的抵触心理,促进援助与受援双方的深化合作。同时,非政府援助的人道主义特点鲜明,能够快速为受援方提供直接的支援。国际奥委会作为著名的非政府组织,为普及奥林匹克运动,对世界各地的政府与体育组织有计划地进行支援。

中国通过非政府渠道开展的体育援助中,"海外兵团"是一支重要力量,在你中有我、我中有你的横向合作中,以竞技体育"海外兵团"为代表的非政府援助渠道,成为中国民间体育对外援助的主要路径。北京奥运会上,女子排球预赛A组(第23场)在首都体育馆举行,与同日进行的其他场次赛事相比,这场小组赛异乎寻常地受到了世界关注,交战的双方是中国女排和美国女排,而美国队的主教练郎平女士,是中国女排精神的象征性人物。最终,美国女排以3∶2战胜中国队,取得了本场比赛的胜利。①而在此之前的7小时,美国选手肖恩·约翰逊获得了本届奥运会女子体操全能项目银牌,她的教练乔良曾是中国体操队队员。②在本届奥运盛会中,20余位中国顶级教练代表他国出战,帮助所在国取得了优异成绩和历史性突破,让中国体育对外援助呈现出绚丽的风采。竞技体育"海外兵团"的壮大,从侧面反映出中国体育强国建设的成就,直接体现了中国体育对外援助的国际主义胸怀。

近年来,中国政府大力推动公共外交走向世界,而深入全球各个角落的民间体育对外援助,成为中外各族人民友好交往的重要渠道。

4.6 从优势到不足:中国体育对外援助运行机制的审视

4.6.1 中国体育对外援助运行机制的优势

4.6.1.1 举国体制:便于集中力量办大事

"举国体制"是计划经济时代的产物,是中国政府模仿苏联体育管理模式,逐渐形成的一种独特的发展模式。③其主要特点是政府机构定期设定发展目标,从整体结构上规划各行业领域的预算,国家意志在政府管理与全民参与下得以实现,政府行为和行政手段深入各组织层次。其优点是明显的,在调动资源方面十分有效,可以集中全国各行各业的力量办大事。中华人民共和国成立初期,在体育产业发展

① 慈鑫:《海外兵团回家》,《晚报文萃》2008年第8期。

② 《"海外兵团"改称"海外使团"更合适》,《新华每日电讯》2008年8月24日。

③ 陈琦:《体育举国体制的辨析与未来走向》,《体育学刊》2013年第3期。

并不完善的条件下,中央政府充分发挥"举国体制"的优势,在全国范围内调动体育援外资源,优先安排预算、产品配送和交通运输,集中力量保证体育对外援助的有序运行。可见,"举国体制"不但为中国竞技体育的发展奠定了坚实基础和制度保障,也为体育对外援助运行提供了有力支持。

改革开放政策提出以来,中国共产党带领全国各族人民走出了一条独具特色的社会主义道路,也建立了中国特色社会主义市场经济体制。针对体育事业发展,中国政府并未完全摒弃"举国体制"的优势基因,依然保持着政府机构主导、非政府力量广泛参与的运行模式,在维护国家利益前提下,充分考虑受援国的发展需求。[①]2013年12月11日,在内比都举行的第27届东南亚运动会成功开幕,中国国务院副总理和缅甸总统出席盛会,身临其境地感受古老文化与现代科技的完美融合,开启了中国和缅甸体育文化合作的新篇章。中国政府调动了全国范围内的优势资源,由商务部整体把关和引领,由对外文化集团公司提供技术指导,调动参与过北京奥运会和广州亚运会的顶尖专家提供智力支持,组织国内最为先进的体育物资和器材设备,联合国家体育总局援派的专业技术指导团队几百名成员历经8个月紧锣密鼓地推进⋯⋯中华人民共和国成立以来最大的体育文化援助项目交出了一份满意答卷。"外交无小事,援助传真情",正是中国政府和人民的高度重视,中华民族助人为乐的故事才得以向全球传播。当前,中国综合实力日益增强,承担国际责任的决心保持不变。习近平主席在联合国与奥委会等国际多边舞台上多次郑重承诺并付诸实际行动,为国际体育事业改革与治理提供了新思路,受到各国首脑及民众的普遍赞誉。未来,中国体育对外援助应完全遵循市场运行规律,全面考量援助方与受援方的利益,调动企业单位、社会组织及民间力量广泛参与,推动中国特色体育援外事业勇往直前。

4.6.1.2 主体多元:由点到面,从内向外

目前,非政府组织参与体育对外援助尚属初级阶段,这与中国参与经济全球化的时间较短直接相关。但是,中国政府推动非政府资源参与体育援外的决心和力度是有目共睹的,不但取得了可喜的成绩,还受到了国际社会的普遍认可。体育领域"海外兵团"的友情支援,私营企业优质体育产品的援外供给,体育援外志愿者的倾情服务,全面传递了中华民族的人道主义精神。2012年11月8日,中国共产党在第十八次全国代表大会上开创性提出"扎实推进公共外交和人文交流"。同时,政

---

① 袁守龙:《从"举国体制"到政府、市场和社会协同——对中国竞技体育发展的思考》,《体育科学》2018年第7期。

府高层官员也反复重申,要把公共外交落到实处并扎根基层。自2013年起,习近平总书记多次强调:"要精心做好对外宣传工作,创新对外宣传方式,着力打造融通中外的新概念新范畴新表述,讲好中国故事,传播好中国声音。"

在体育对外援助的主体中,企业与社会组织的承接能力不断提升,参与规模和范围逐渐扩大。2012年,为赤道几内亚援建了举办非洲杯的足球场;2015年,"世界足球先生"梅西出席了中国援建加蓬让蒂尔港体育场的奠基仪式;为支持喀麦隆举办2019年非洲杯比赛,共计援建了4座足球体育场。①中国企业以理念新、工期短、质量高的良好口碑,推动了发展中国家体育事业的进步。在非政府力量"由点到面"的发展带动下,政府能够更加合理地分配和使用体育援外资金,较多投入于能显著改善民生的体育公共服务领域,让更多的发展中国家和民众受益,推动受援国早日实现独立自主、自力更生的发展目标。从国家到政府、从企业到社会、从组织到个人,中国体育援外运行主体有序向外扩散,像涟漪一样紧紧围绕着国家利益这个圆心。

4.6.1.3 层级分明:各有分工,良性运行

中华人民共和国成立至今,体育对外援助运行机制逐渐成熟,有效推动了特色外交工作的顺利开展。不同层级承担着各异的运行职责,以国家利益为核心,全力满足受援国体育需求,构建起横向协调与纵向联络的运行机制。

宏观运行层级位于运行机制的顶层,是接收体育对外援助信息的最前沿,承担信息的传送、审核、评估、确认等工作,在中国与受援国按照程序签订协议后,还要依据相关外交政策和文件有序推进。

在中观层级的具体执行过程中,政府主管部门根据体育事业的归口单位,将援外工作移交国家体育总局进行专业化管理。体育总局拥有完善的内部管理体系,能够将国家援外任务快速传达到基层,有效实现从中央到地方的无缝对接。体育总局横向协同政府机构及相关部门,纵向调动全国范围内的优质资源和有生力量,具体部署体育对外援助的运转与实践。在政府机构改革中,体育总局的规模不断缩减,发挥的作用却日益强化。

微观层级是体育对外援助的具体实践,可以系统划分为硬件类型与软件类型,是体育资源对外流出时呈现的一种状态,表现为各种各样的灵活工作形式。其中,硬件类型体育援助的典型代表,是援建体育场馆设施。这是一项民生工程,是中国

---

① 《"中国建造"助推非洲体育发展》,《人民日报》2015年8月5日。

政府为受援国提供的一个实体项目。软件类型体育援助的典型代表,是援派体育技术人员,它是中国政府为受援国提供的一项技术转移服务。中国体育专家在传授技术和沟通交流时,既要考虑受援国民众的语言和文化背景,还要尊重他们的日常生活习惯及民族特点。这类援外工作有效拉近了援外专家与民众的距离,深化了受援国对中国的形象认同。在微观层级的实践中,硬件类型援助需要软件类型援助的支撑,软件类型援助也需要硬件类型援助的保障,人文交流与体育资源转移共同推动援助双方在各个层级进行友好互动。

4.6.1.4 多轨并行:网络化运行,全面参与

在中国体育对外援助的发展历程中,政府是体育资源对外国际转移的重要供应主体,为国家外交工作的有效运作与全面落实,做出了积极贡献并发挥了独特的引领作用。商务部经历了历史变迁与部门整合,体育行政部门从体委改制为体育总局,始终发挥着管理、协调和监督的主导作用。[①]外交部作为政府最权威的外事代表,在体育对外援助的请求、协商与合作上,同商务部和国家体育总局横向联络,形成了官方独立运行的体育援外轨道(见图4-12)。

在政府机构调整、职能转换、简政放权的背景下,非政府组织承接政府体育援外任务增多,政府机构与社会力量的合作逐步深入。国家体育总局外联司的国际交流处,在接到政府机构垂直下达的援外信息后,会根据受援国的不同需求进行对口联络,对内协调体育系统自身的有关部门,对外以民间体育组织的名义无偿赠送丰富的体育器材与运动装备。中国政府在保证财政预算的合理支出的前提下,借助非政府力量募集资金并拓展参与模式,有效增加了对"穷朋友"的体育器材支援,仅在"九五"计划期间就支援了500万元的器材。"十二五"计划期间,体育系统在执行国家援外任务过程中,积极同国家级体育协会开展了一系列合作。政府机构与社会组织密切合作,将中国制造的先进体育用品和运动器械,绝不捆绑其他条件地援送至发展中国家,充分体现了中国政府的责任担当。

---

① 王灿:《为新时代体育事业改革发展提供有力的组织人才保障》,《中国体育报》2017年11月23日。

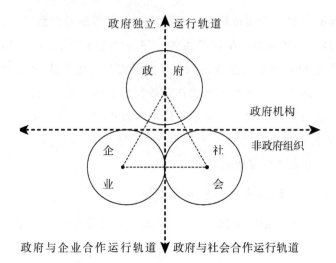

图4-12　多轨并行:政府独立运行—政府与企业合作运行—政府与社会合作运行

改革开放以来,中国企业在"走出去"战略带动下,积极参与体育对外援助,形成了政府与企业有机结合的运行机制。

根据商务部《对外援助项目实施企业资格认定办法(试行)》有关规定,经资格招标、审查、公示等程序,全国参与对外援助的企业已多达200余家。其中对外援助成套项目管理企业45家,对外技术援助项目实施单位65家,成套项目科研单位40家,物资项目科研单位5家,可行性研究评估单位5家,检查验收单位10家,顾问咨询单位20家,经济技术咨询单位5家。商务部通过对外援助司与国际经济合作事务局横向协作,有序组织具有对外援助资质的企业,完全公正公开进行招投标,在秉承"政治第一、经济第二"的原则下,负责政府间体育援外项目的监督和管理。2014年10月26日,中国政府援建的塞内加尔体育场维修项目(由江苏正太集团有限公司具体实施)正式交工,塞内加尔总统、中国驻塞大使、经济参赞和当地政要名流出席了典礼。[1]随着此项工程的正式落成,中国援助塞内加尔11座体育场维修项目全部顺利完成。萨勒总统称赞中国企业援建的体育场,有力促进了塞方体育文化事业发展,为塞方民生的改善树立了国际合作新标杆。[2]中国参与体育对外援助项目的企业,在顺利完成政府体育援外任务的同时赢得了发展中国家的赞誉和认同,为其成功开拓海外市场提供了机会,巩固了政府与企业联合运行的体育援外路径。政府部门独立运行、政府机构与社会组织合作运行、政府机构与企业单位合

① 潘阳、陆志勇、王勇:《援塞内加尔体育场40m高灯塔吊装专项施工技术》,《安徽建筑》2014年第6期。
② 徐亨元:《中国援建非洲体育场馆项目调研报告》,《非洲研究》2017年第1期。

作运行,多种体育对外援助轨道并行互通,形成了相对独立又相互协作的网络化运行态势。

4.6.1.5　衔接有序:动态规范,协调配合

政府机构、企业单位和社会组织等主体分别承担着不同的体育对外援助工作。有的只承担一项体育援外工作,如人力资源开发中心主要承担体育援外教练的选拔与管理;有的承担多种体育援外工作,如高等体育院校既为发展中国家培养留学生,也向发展中国家无偿援赠体育器材装备。有的体育援外工作则需要多个主体推动,如高等体育院校、体育协会、国家体育总局、外交部等,根据不同的受援客体和援助对象,承接相应的体育器材装备援赠工作。1963年9月1日,北京体育学院将一大批体育器材无偿捐赠给阿尔巴尼亚青年和体育部[1];1978年10月11日,中华全国体育总会向泰国奥委会无偿赠送由中国制造的8000只羽毛球;2005年11月,国家体育总局向东帝汶共和国无偿赠予足球用鞋和比赛用球[2];2015年4月27日,中国驻当地大使黄星原先生代表教育部向特立尼达和多巴哥援赠体育教学设备和健身器材;2017年3月24日,体育产业知名企业盛世中体作为合作伙伴,向蒙古国政府援赠了乒乓球和篮球等项目的运动器材及专业服装。

国家派出的体育对外援助教练员,既有精英运动员和高校师资力量,也有退役教练员和青年志愿者。有的体育教练员代表着中国政府,有的体育教练员来自民间,是有志青年。体育教练员来自不同的领域和组织,决定了他们兼具各异的特点和优势。体育总局是管理体育事业发展的专门机构,选拔的教练员在竞技体育培养方面独具优势。高等体育院校是培养体育师资的高等学府,选拔的教练员在教学、理论和科研方面优势突出。中国青年志愿者协会成员以刚走出校园的青年人为主,充满激情与活力,渴望实现个人价值。人力资源开发中心依据受援国的需求信息,在体育系统内部传送具体文件,通过规范的申报程序择优选拔体育技术人员,如果未能选出十分合适的专家和教练,则面向高等体育院校、国家级体育协会等社会力量公开选拔。人力资源开发中心会征求初选人员单位意见,并将具体名单报送上级组织审核及批示,对通过的技术人员进行全面辅导和专门培训,做好体育援助派出前的所有准备工作。2003年9月9日,国家体育总局在江西省会南昌召开讨论会,系统内部的有关部门、各级地方行政机构、高等体育院校和运动项目管理中心的代表,极具针对性地提出了宝贵意见和可行性措施,有效促进了《国家

---

[1]　国家体委:《中国体育年鉴1963》,北京:人民体育出版社,1965年,第34页。

[2]　国家体育总局体育文化发展中心:《中国体育年鉴2005》,北京:中国体育年鉴社,2006年,第62页。

体育总局外派体育技术人员管理规定》的出台及颁布。[①]政府机构通过一系列的政策和文件,加强了体育援外教练员的选拔、外派与管理,激发了不同领域体育人才的参与热情,促进了援外形式的推陈创新和动态规范。

为完善年度考核制度与财务管理规定,国家体育总局于2006年出台《外派体育技术人员考核办法(试行)》,财政部、国家体育总局于2009年出台《外派体育技术人员待遇和财务管理办法》,提高了体育援外教练员的相关待遇,规范了对外派体育技术人员的系统管理。

4.6.2　中国体育对外援助运行机制的不足

4.6.2.1　宏观层面:同发达国家合作的政策导向依然不足

2014年12月15日,商务部颁布的《对外援助管理办法(试行)》[②]开始实施,成为指引中国体育对外援助的纲领性文件。该办法第三条提出:"受援方主要包括与中华人民共和国已经建立外交关系且有接受援助需要的发展中国家,以及发展中国家为主的国际或区域性组织。在人道主义援助等紧急或特殊情况下,发达国家或与中华人民共和国无外交关系的发展中国家也可以作为受援方。"体育对外援助包含有偿和无偿两种方式,改革开放以来,中国政府对发达国家重点采用体育援外合作方式,已积累了丰富经验并取得了可喜的成绩。因此,将发展中国家作为对外援助的重点是正确的,但不应将发达国家排除在日常运行中。在竞技体育的世界格局中,中国在乒乓球、羽毛球、跳水、射击等小球和技巧类项目上占领先优势,西方发达国家在篮球、足球、田径、游泳等大球和综合类的项目中占领军地位。[③]中国在优势运动项目良性发展的带动下,在夏季奥运会中已稳定处于第一军团的位置,但是在冬季奥运会上,只有短道速滑、空中技巧等项目略占优势,且还受到韩国、日本等国家的强劲冲击。[④]因此,中国援派体育教练员主要集中在夏季奥运优势项目上,针对冬季奥运项目的需求十分有限,这也是与发达国家进行体育援外合作尚显不足的原因之一。针对发达国家的体育对外援助,要充分发挥政府在政策上的引导作用和理念上的指导作用,以有偿援助方式积极探寻合作机会,促进中国与发达国家之间的互利共赢。

---

① 国家体育总局:《国家体育总局外派体育技术人员管理规定》,2004年5月13日。

② 商务部:《对外援助管理办法(试行)》,2014年12月15日。

③ 陈林会、刘青:《我国竞技体育传统优势项目可持续发展的文化支撑》,《北京体育大学学报》2014年第6期。

④ 苗治文、曹常程:《我国竞技体育非优势项目管理方式的新变化》,《北京体育大学学报》2018年第7期。

中国体育对外援助是以提高受援国竞技体育成绩,推动国际体育事业的普遍发展为目的,既然是世界范围内体育水平的整体性提高,受援国家就应该具有广泛性,发展中国家与发达国家就必须保持平衡。加大与发达国家的体育援外合作,既可以增加体育对外援助的经济创汇,还可以实现民族传统文化的广泛传播,更可以达成对人类命运共同体的广泛认同。

4.6.2.2 中观层面:非政府力量的广泛参与依然不足

国家体育总局人力资源开发中心具体联络体育人才的管理与援派,中体国际公司负责体育援外场馆的承包与援建,对外联络司负责体育器材装备的调配和援赠,多部门联动、多轨道并行的中观执行机制平稳运行。但分析体育对外援助主体活动,整体结构呈倒三角形,机构和相关部门参与比例较高,非政府力量的全面承接尚显不足。党的十八大重点强调了社会组织与民间团体等非政府主体参与执行外事工作的可行性及必要性,能够促进主体结构的优化。今后,体育对外援助要始终以国家利益为核心,紧随政府宏观导向,广泛吸引多方力量积极参与,在保持中国特色和援外优势基础上,搭建全面深化合作的非政府沟通渠道。

4.6.2.3 微观层面:体育援外合作的深入开发依然不足

新时代背景下,切忌将对外援助等同于无偿赠予,认为体育资源只能对外单向流出。这些狭隘思维需要及时剔除,体育对外援助应在合作方式主导下,展现出多元化发展态势。体育对外援助若只是盲目追求政治目标,短期效果是明显的,经济负担却是沉重的,负面效应需要深刻总结。改革开放以来,根据国家一系列方针政策,遵循量力而行原则,体育对外援助合作在规模上有所扩大,但体育对外援助领域创造外汇收入的特殊作用亟待提升。

4.6.2.4 思想层面:体育对外援助的主动性依然不足

目前,体育对外援助是受援国根据自身需求,向中国驻外使馆提出援助请求,外交部和商务部联合委托国家体育总局归口负责。在程序上是提出需求在先,实施体育对外援助在后,相对而言比较被动。而在体育对外援助的实践中,援送体育器材装备是十分重要的工作,有很多是中国知名企业生产的名牌产品,但主动参与其中的企业十分有限。[①]应推动这部分企业积极进入国际市场,有预见性地赢得先机,开发创造新的体育援外合作形式。同时,企业自身也要根据转型升级的实际需

---

① 胡斌:《中国企业在全球化经济中创民族体育品牌之路初探》,《中国科技信息》2006年第5期。

要,主动加入国家体育对外援助运行中,积极参与国际市场竞争,拉近民族体育品牌与国外民众的距离。

世界经济全球化的发展,使许多国家的经济利益相互渗透、相互依存、相互影响,这必然要求任何一个国家在维护本国利益的同时,也要基于世界的发展和人类的共同进步,关心他国切身利益的有效实现,寻找相互之间深化合作的共同点。体育产业参与对外援助具有巨大的合作空间,南南合作及南北合作是一个紧密联系的发展领域。然而,世界上知名的体育用品制造商都在发达国家,主要针对体育竞技赛事的高端市场,耐克、阿迪达斯等一些体育品牌的服装和器材十分昂贵,往往会让低收入的普通百姓望而却步。①发展中国家的历史进程具有特殊性,很多国家的民众都能歌善舞且多才多艺,特别是非洲国家的黑人有着独特的运动天赋,他们非常喜欢参与各种项目的体育运动。但是,这些国家由于经济落后和体育产业链条的不完善,体育器材与设备严重匮乏。因此,可以利用"中国制造"物美价廉的独特优势,主动走向世界各地,搭建优势互补的援助平台,谨遵平等互利原则,深化援助双边的经贸关系,促进中国体育强国建设和受援国体育事业进步。

4.6.2.5　法规层面:体育援外合作的相关标准依然不健全

经济合作与发展组织是最权威的国际多边援助组织,由美国、英国、法国等实行市场经济体制的最发达国家组成。其发展援助委员会是负责对外援助的主管机构,在1969年就制定了对外援助的具体要求,规定贷款援助中的赠予成分至少为25%。随着国际经济局势的发展和变化,发展援助委员会又先后两次对援助标准进行调整。1972年规定会员国为发展中国家提供贷款援助时,无偿赠予部分要达到84%以上,对最贫穷国家的援助贷款应更加优惠。1978年又进一步提高了相关标准,对发展中国家贷款援助的无偿赠予部分上调到86%,对最不发达国家贷款援助的无偿赠予部分确定为90%。可见,发达国家参与国际发展援助,既有宏观的援助法规作为基础保障,还有具体的援外合作标准进行规范。

中国体育对外援助始终以对外经济技术援助八项原则为指引,并没有颁布专门的对外援助法案。1995年8月29日,第八届全国人大常委会第十五次会议通过了《中华人民共和国体育法》(简称《体育法》),但在具有里程碑意义的《体育法》中,并未涉及体育对外援助的相关内容。商务部条约法律司在相关司局的协调配合下,于2003年开始起草有关的管理条例,在2014年10月21日举行的商务部第三十

---

① 陈晓平:《本土体育品牌要不惧与国际大鳄的竞争》,《21世纪经济报道》2012年6月4日。

次部务会议上,正式通过了《对外援助管理办法(试行)》,成为宏观指导中国体育对外援助运行的管理法规。对体育援外合作方式中的贷款援助、有偿外派等形式的优惠标准,该办法并没有作出准确而具体的规定。体育对外援助是中国始终坚定承担的国际责任,是长期存在和持续发展的一种对外合作行为,应该早日确定有法可依和有章可循的援外合作标准。由于《对外援助管理办法(试行)》还在验证阶段,《体育法》在多年实践中也暴露出笼统和宽泛的问题,建立在《对外援助管理办法》中补充援外合作标准的相关内容。同时,在《体育法》中补充体育对外援助的相关规定。

4.7　从合作到共赢:中国体育对外援助运行机制的意义

4.7.1　对中国外交工作的重要意义

4.7.1.1　是传递和平外交理念的友谊之桥

2017年10月18日,习近平总书记在中国共产党第十九次全国代表大会上强调:"中国将高举和平、发展、合作、共赢的伟大旗帜,恪守维护世界和平、促进共同发展的外交政策宗旨。"

中华人民共和国在成立伊始,就通过了《中国人民政治协商会议共同纲领》,明确提出以保障国家主权及维护世界和平为核心的外交政策。中国体育对外援助在对外经济技术援助八项原则的指引下,在内外部复杂因素的综合影响中,经历了挫折、承受了考验、得到了完善,逐渐被国际社会深入了解和广泛接受,成为向世界各族人民宣传和平外交的友谊之桥。

中国坚定不移地奉行独立自主的和平外交政策,对外郑重承诺坚决走和平发展的友好道路,以中国特色社会主义发展模式,构建合作共赢的新型国际关系,旨在实现国家的早日崛起和民族的伟大复兴。[①]一个国家和民族是否爱好和平并以身作则,不但要从外交政策上进行客观判断,还应该在历史发展长河中去深刻解析。中国政府在历史与现实的结合中,为国际社会树立了可资借鉴的榜样力量。西方发达国家十分看重舆论导向,充分利用覆盖全球的各种新闻媒体,为其外交政策进行全方位的宣传。中国共产党人非常看重实际行动,从未间断运行丰富多彩

---

① 阎光亮:《和平发展是中华民族伟大复兴的必然选择》,《科学社会主义》2007年第5期。

的体育对外援助,以仁爱之心来宣传中华民族的和平理念。因此,体育对外援助的科学运行,直接影响到国家和平外交的有效落实。中国政府充分考虑受援国需求,向世界各地派出了大量的体育援外专家。这些技术人员都是经过层层选拔的行业精英,他们不畏艰难困苦远赴万里之外,去执行神圣的体育对外援助任务。在异国他乡,中国体育援外专家绝不享受任何特权,既需要快速适应当地的气候环境,还需要主动了解受援方的风土人情,能够快速融入普通百姓的日常生活中。这些"民间外交大使"保持着高昂的激情,同各级政府机构和外交官员维系着良好关系,全身心投入体育教学与训练第一线,希望利用有限时间取得高效的援助成果,真心帮助受援国提升竞技体育成绩及民众身体健康水平。①在悉心传授体育技术能力时,中国体育援外专家展现出良好的专业优势,能在互相沟通时将中华民族的优良传统潜移默化地释放出来并传递出去,让中国政府坚决秉承的和平外交理念,在世界各地生根发芽并在国际社会深入人心。当西方媒体大肆渲染"中国威胁论"时,一些发展中国家的高层官员毅然站出来澄清真相,讲述中国运行体育对外援助的动人故事,为中国政府和平外交政策"现身说法"。

4.7.1.2 是特色大国外交的绿色名片

2018年6月,习近平总书记在中央外事工作会议上做重要报告,为开创中国特色大国外交新局面指明了前进方向。中国政府自1957年开启体育对外援助至今,从未间断为国际体育事业的进步贡献力量,为经济发达国家承担国际责任树立了榜样。中国体育对外援助将各种优质资源毫无保留输送到世界各地的民众手中,改善了贫穷落后国家和欠发达地区的体育锻炼环境。作为世界各民族了解中华民族的外交通道,体育对外援助承载着丰富的人文元素,蕴含着优秀的民族传统文化,让五湖四海的朋友们真实体会到仁爱之心,感受到平易近人、重义轻利的温暖之情,认识到人类命运息息相关的和平之意。因此,体育对外援助作为特色大国外交的重要组成部分,应该与时俱进、逐步优化,以配合国家外交大局的需要。

"一花独放不是春,百花齐放春满园",特色大国外交只有具备不同颜色的外交名片,才可在世界舞台绽放绚丽多彩的光芒,以独有的东方魅力对外传播和平发展的友好理念。在体育领域进行的对外援助工作,目的是促进受援国的体育事业发展,提升民众身体健康水平,丰富民众精神文化生活,同军事、政治、经济等领域的外交活动相比,具有独特的亲民属性及专业性优势。绿色是自然界中较为常见的

---

① 邓星华、宋宗佩:《中国体育对外传播的反思与超越》,《体育学刊》2017年第2期。

一种颜色,代表着盎然清新之风与和谐共处之势,中国体育对外援助呈现出和平发展的初心,愿意为国际体育事业发展贡献中国力量,推动中国与世界向着合作共赢的目标迈进。国际奥委会前主席萨马兰奇曾高度赞扬:"中国建造的最好的体育馆不在国内,而在非洲。"他为中国政府默默无闻开展体育对外援助的行为所感动,亲自来华将象征着国际奥委会最高荣誉的奥林匹克杯和银质奖章颁发给中国政府及官员。[①]可见,体育对外援助是勇于承担大国责任的友好表达,讲述了中华民族助人为乐的感人故事,更是彰显特色大国外交的一张绿色名片。

中华人民共和国成立至今,中国体育事业的国际话语权相对有限,一度受到来自外部各方的不公正待遇,但也得到很多受援国家体育官员的大力支持,推动了中国逐步走向世界体育舞台的中心。科威特体操协会主席为中国恢复国际体操联合会的合法席位,主动联合阿拉伯国家体育组织集体投赞成票;国际奥委会中的部分非洲国家委员多次公开表示,全力支持中国举办2022年冬奥会。受援国及其官员的正义举动完全是自愿行为,既是对中国和平外交政策的充分认可,也是对中国运行体育对外援助的满意回馈。因此,体育对外援助已成为外交工作的重要抓手,如能有效把握运行结构并促进其机制的优化,定会为特色大国外交传递一张绿色名片。绿色是大自然的代表颜色,象征着人们之间的友谊与和谐相处关系,标志着体育对外援助运行的纯洁及透明。当外国民众活跃在中国政府援建的场馆中频繁接触物美价廉的"中国制造"器材装备,看到本国运动员在中国教练指导下不断进步,在国际赛场摘金夺银时,他们亲身体会到中华民族的真诚友好,真心接受中国政府传递的这张绿色名片。

4.7.1.3　是扩大公共外交的重要渠道

政府外交和公共外交一起构成国家整体外交,公共外交是"政府—民众"或"民众—政府"的表达形式,民众参与程度高,在当前的国家外交中占有十分重要的位置。自党的十八大报告提出并强调"扎实推进公共外交"以来,习近平总书记多次以实际行动做出表率,使我国的公共外交在国际舞台呈现独具东方魅力的文化内涵。[②]

运行体育对外援助的前提条件是中国与受援国政府代表的友好洽谈,体现出鲜明的政府意愿和官方色彩。同时,体育对外援助主体多样,来自企业和社会组织的援助能够为公共外交的扎实推进贡献力量。在具体执行中,非政府主体将具有

---

① 王振川:《中国改革开放新时期年鉴》,北京:中国民主法制出版社,1986年,第368页。
② 徐进:《新时期习近平创新公共外交实践简析》,《哈尔滨学院学报》2015年第3期。

民族特色元素的高档次体育产品和完备的技术服务,以优惠的价格、过硬的质量、多元的渠道,及时提供给受援国,满足其体育发展所需。这些体育资源像洁白的和平鸽一样,不畏千山万水,飞到世界各地,让受援国民众亲身感受到中华民族的仁爱之情。在公共外交工作中,重要之处在于突出民众的双向对话,在交流中深化外国民众对中国的了解。[①]可见,用传统观念看待体育对外援助已经过时,非政府主体的参与为国家公共外交的推进提供了独特的渠道和有效的路径。

传统意义上的公共外交主要依靠宣传手段,而新公共外交强调公众的舆论作用,旨在全面提升国家形象和国际地位,是软实力和巧实力领域中的重要工具。[②]中国体育对外援助技术人员不辞辛苦前往天涯海角贫穷落后地区,同当地政府建立起友好互动的桥梁,成为受援国民众深入了解中国的一个媒介。这些万里挑一的体育技术精英,充分利用自身的专业优势和技术特长,在较短的工作时间内取得优秀成绩。特别是带领受援国广大运动员,在地区性或洲际性的大型体育赛事中突破历史性纪录而收获各种奖牌,让受援国政府和民众扬眉吐气。这对塑造中国形象及提升国际影响力,具有非常重要的影响。在公开场合与日常工作生活中,中国体育援外技术人员表里如一的态度,得到受援国民众一致的赞誉和认同。有的专家成为受援国的民族英雄,受到所在国总统的亲自接见,授予其代表本国至高荣誉的勋章,这类事例数不胜数。来自北京的跳水专家马进教练,在墨西哥进行体育对外援助工作十几年,培养出享誉世界的"跳水公主"埃斯皮诺萨,受到墨西哥总统的亲自接见和嘉奖。[③]墨西哥政府为了表彰马进教练,为其颁发了墨西哥最高荣誉"阿兹特克雄鹰"勋章,并邀请她加入墨西哥国籍以示感谢。由此可见,体育对外援助有效传播了国家正面形象,促进了中国民众与受援国民众的深入了解。

4.7.1.4 是推进"一带一路"建设的有效路径

"一带一路"起点是屹立于亚洲东方的中国,向西面延伸将亚非欧大陆紧密连接起来,覆盖丝绸之路经济带和海上丝绸之路,沿线国家众多且跨越大陆和海洋,既有经济富裕的广大发达国家,也有经济相对落后的发展中国家,成为连接东西方陆海的友好通道。[④]"一带一路"建设是古丝绸之路的创新发展,是中国与世界互联互通的无形资产,是惠及全球各国及各族人民的大工程,为打造人类命运共同体提

---

① 王晓:《国际形势变化重塑公共外交》,《中国社会科学报》2019年1月30日。

② 谢韬:《我国软实力和公共外交研究的现状与挑战》,《对外传播》2016年第6期。

③ 曾平:《创造奇迹的中国教练》,《今日中国(中文版)》2012年第6期。

④ 安晓萌:《东西融通 丝路新曲——"一带一路"的亚欧故事》,《中亚信息》2018年第9期。

供了网络连接。①在东西方及南北方的人文交流中,既有不断扩大的经济贸易合作,也同时开展着形式多样的体育对外援助,二者的有机结合为国际合作提供了机遇。中国已经为"一带一路"沿线发展中国家援助建设了几十座高质量的大型综合性体育设施。体育对外援助在"一带一路"建设中能够起到十分重要的促进和支撑作用,为中国企业"走出去"发展提供了机会,为中国制造的体育产品参与国际竞争创造了多元化发展的良好环境。中国政府将一如既往地大力推进,使对外经贸合作与体育对外援助有效结合,在夯实"一带一路"国家体育基础设施的同时,促进国内体育产业的转型升级与跨国合作,同世界无私分享中国特色的快速发展模式,带动世界体育经济的繁荣创新与深入开发。

作为落实命运共同体理念的友好实践,体育对外援助与"一带一路"建设紧密相连,具有相互促进的共同目标和前行动力。在体育基础设施建设中,中体国际等国内大型建筑企业拥有丰富的海外援助建设经验,凭借高质量服务与一些国家建立了长期联系,重点为其提供民生体育项目的配套建设。在体育人力资源培训中,国家体育总局与团中央、各级体育协会等积极配合,在"走出去"与"请进来"相结合基础上,充分利用我国优势体育项目,为沿线国家培养各种类型的体育人才。可以看出,体育对外援助推动"一带一路"建设,是一种全方位投入与立体化支援,中国政府本着帮助受援国快速发展体育事业的立场,同世界人民共同分享发展成果。

4.7.2 对中国内政建设的重要意义

4.7.2.1 是祖国和平统一的友好载体

在中华人民共和国的对外交往领域,保持外交关系的双边国家及国际多边组织,必须首先承认及落实"一个中国"方针政策。②这是历史与时代赋予的国际责任,不但是对中国政府和人民的尊重,也是对本国民众和国际社会的尊重。体育对外援助作为外交工作的特色内容,自然要在祖国和平统一进程中扮演十分重要的角色并作为友好沟通的载体。③如若受援国单方面违反外交条约,中国政府会立即采取外交行动,暂停有关对外援助工作的所有项目。体育对外援助是国家和平统一的友好载体,成为中国与世界共同进步的友谊之桥,有效推动了中华民族与世界

---

① 李丹:《"一带一路":构建人类命运共同体的实践探索》,《南开学报(哲学社会科学版)》2019年第1期。

② 邓涤平:《正确认识并坚持一个中国原则 努力开创两岸关系和平发展新局面》,《广西社会主义学院学报》2009年第3期。

③ 袁雷、郭煜硕、俞大伟:《改革开放以来的中国体育对外援助研究》,《沈阳体育学院学报》2016年第4期。

各民族的携手同行。

4.7.2.2　是体育强国建设的特殊领域

中国政府提出由体育大国向体育强国跨进的目标,既是中华民族伟大复兴的健康工程,也是中国人民在构建人类命运共同体实践中为国际社会创新开发的一列健康专车。体育对外援助是建设体育强国的一个特殊领域,是内政与外交有机结合的重要环节。

当下,中国体育对外援助要在传承中发展,在保持原有特色基础上不断跨越和创新,量体裁衣地为发达国家提供时效性有偿援助,与时俱进地为发展中国家提供持续性能量储备。发展中国家是中国外交工作的基础和重点,是体育对外援助资源供给的重要区域,中国应在坚持南南合作的多领域共赢目标下,促进发展中国家竞技体育成绩和全民健康水平的全面提升。同时,中国体育对外援助还要逐渐扩大对发达国家弱势项目的支援,深化南北合作的多元渠道,创新合作模式,强化发达国家对中国政府的认同及支持。未来,发展中国家的体育事业将会步入快速前行的轨道,发达国家的体育对外援助将会有序展开,中国与世界的合作必然会实现互利共赢。

4.7.2.3　是体育改革治理的重要内容

2018年3月,第十三届全国人民代表大会通过重要决议,国务院组建国家国际发展合作署这一全新机构,归口管理国家对外援助的相关事宜,以充分发挥特色大国外交的责任担当,有效推动"一带一路"建设的全面落实。当前,国家层面的改革正在有序推动之中,国务院正按照时间计划表逐一落实,国家国际发展合作署已全面投入对外援助工作。为了更好地开展工作和指导实践,国家国际发展合作署于2018年11月12日公开发布《对外援助管理办法(征求意见稿)》,旨在促进中国对外援助的良性运行。体育对外援助是外交工作的重要表现形式,在运行实践中会涉及人、财、物等大量资源,要依靠国家综合经济实力作为强大后盾。今后,以综合经济实力稳步提高为基础,体育对外援助运行资金的投入会持续增加,政府机构在整合优质资源的过程中,要充分调动多方力量来积极推进,优化体育对外援助运行机制。体育对外援助是外交工作的特色领域,也是对外援助密不可分的绿色平台,更是讲述中华民族助人为乐动人故事的重要载体,探索中国体育对外援助的运行规律,反思中国体育对外援助的经验教训,可为新时期的对外援助工作提供治理样本。

4.7.2.4 是推广民族优势体育项目的国际路径

中华人民共和国拥有广袤的领土,人口数量众多、民族种类繁多,每个民族都经历了不同的历史发展进程,在其繁衍生息的历史长河中,创造出丰富多彩的民族传统体育项目,成为全人类宝贵的非物质文化遗产。有的传统体育项目是本民族的生活创造,有的传统体育项目来源于与其他民族的交流碰撞。如中国的双手刀法在隋唐时期传播到日本,经过战争岁月的洗礼和不断改良,逐渐发展成为日本剑道。起源于山东淄博的古代蹴鞠,早期在军事训练中得到广泛应用,传播到欧洲后进行了规则的完善,目前成为风靡全球的足球运动。在东西方及南北方的文化传播中,各个民族丰富多彩的传统体育项目,经过跨国家、跨地域的友好碰撞,演绎成为民众喜闻乐见的全新项目,被世界民族大家庭所广泛传承和弘扬。其中,健身、养生功能突出的武术就是一项十分具有代表性的民族传统运动。改革开放后,中国对外发展的脚步不断加快,要让国际社会更好地了解中华民族,首先要推动中国传统文化对外传播,武术自然成为国家文化传播的符号和代表。很多受援国建立起完善的组织体系,通过官方支持与民间协会的全面支撑,有序推动中国民族项目的国际交融。

武术是体育项目,也属于文化范畴,是优秀的民族传统文化遗产。"只有民族的才是世界的",无论是西方体育运动项目,还是以武术为代表的东方体育项目,都是全球多元文化的重要组成部分。中国各族人民勤劳刻苦、奋发图强,传承中华民族精神而立足于他乡,将中国优秀传统体育项目带到世界各地,受到当地民众的欢迎与喜爱。著名武术家李小龙先生,以咏春拳为基础创新发展出截拳道,通过电影的完美表现让美国家喻户晓,在全球范围内掀起了练习"功夫"的热潮。[①]世界是由不同民族的多元文化所组成的,每个民族的传统体育项目都是独一无二的,只有尊重他国的历史文化并继续保持本国文化的独特优势,世界才能走向文化繁荣。截至2017年,国际武术联合会已有147个会员协会[②],在世界武术推广和文化传播中起到了引领作用,越来越多的国际赛事设置了武术项目,让很多国际友人怀着浓厚的兴趣,不远万里前来中国学习武艺。《中国武术发展五年规划(2016—2020年)》明确提出:"增加武术师资外派数量,扩大武术器材援助和输出……逐步加大武术援外力度,重点与国际武术联合会成员国建立长期合作关系。"武术虽是一种技击术,

---

① 马秀杰、姜传银、Paul Bowman:《李小龙的文化遗产——第四届国际武术论坛(英国卡迪夫大学)学术综述》,《体育与科学》2018年第5期。

② 姜霞:《"一带一路"战略下武术国际化推广传播研究》,《中国体育报》2017年7月31日。

但处处体现文化哲理,彰显中华民族的处事艺术。武术源于中国,属于世界。

4.8 从合作到共赢:中国体育对外援助运行机制的目标

4.8.1 达成"援助与受援"的体育互益

4.8.1.1 推进中国与受援国扩大"体育外交"

传统意义的体育外交指官方之间的交往,通常是政府要员之间进行会晤磋商,仅仅局限在国家利益的范畴。随着社会进步与经济交往的扩大,非官方形式的国际交往有所增加,多种形式的民间体育外交不断涌现。体育对外援助是体育资源的国际转移,发扬了中华民族的国际主义精神,表达了中国政府和平外交的真诚愿望,是中国体育外交工作的友好表现形式。[1]从 2000 年开始举办的中非合作论坛机制,是中国政府主动发起的区域性援助计划,旨在为非洲国家提供全方位的援助支持。中非合作论坛每三年举办一次,是中非政府高层深入交换意见的舞台,成为中国援助发展中国家的长效机制。在历年的磋商中,中国政府都提出一系列创新思路和全新政策,使中国与世界的体育交往更加紧密。

4.8.1.2 促进中国与受援国建设"体育强国"

中华民族在几千年的历史进程中经历了风风雨雨和曲曲折折,在中国共产党的正确领导下,向着民族复兴的百年目标大步前进。[2]中国在有序开展一系列体育援助计划时,非常欢迎受援国搭乘和平发展的高速列车,针对"一带一路"沿线国家,增加体育基础设施的援助建设布局,与受援国共同实现体育强国目标。[3]

在体育资源国际转移的全球化趋势中,中国向外输送优势体育项目的教练员和体育技术,促进经济落后地区与发达国家弱势体育项目的发展。同时,受援方也主动分享其优势体育资源。当前,在各种大型国际体育赛事的舞台上,中国运动员"海外兵团"为外国摘金夺银,一些外国优秀教练员带领中国团队或运动员,不断推动中国弱势项目取得重大突破,这充分彰显出中国体育对外援助的重要意义。[4]

---

① 钟秉枢、张建会、刘兰:《新时代中国体育外交面临的问题与对策》,《北京体育大学学报》2018 年第 4 期。

② 邹祥勇:《论新时代"两步走"战略与"两个百年"目标的实现》,《阜阳职业技术学院学报》2018 年第 3 期。

③ 刘盼盼:《新发展理念下体育强国建设方略探讨》,《体育学刊》2019 年第 1 期。

④ 黄璐、郭超、兰健:《应理性看待新世纪新阶段中国体育"海外兵团"现象》,《北京体育大学学报》2007 年第 10 期。

4.8.1.3 增进中国与受援国改善"体育健康"

体育健康有多个方面的含义,可以指思想文化方面的精神健康,也可以指身体机能方面的体质健康。在不同的语境下,体育健康包含不同的内容和形式,可以指人民群众的锻炼环境,也可以指体育事业的治理与发展,还可以指体育对外援助运行机制的运转状况。中国政府对外运行体育援助,是在量力而行原则指引下,充分满足受援国提出的各种援助请求,尽力为其解决体育发展问题。中国体育对外援助的友好运行,能够直接改善与提升受援国的硬件设施和软件技术,帮助受援国提升竞技体育成绩,丰富群众体育生活。

体育与健康紧密相关,长期参与体育运动及科学锻炼身体,会增进人体心肺功能和肌肉力量,促进身体内部系统达到健康状况,提高人们抵抗衰老的综合能力。[1]在信息化快速发展的当今社会,人们大多从事脑力劳动,借助电子产品进行沟通和交流,减少了直接参与其中的体力活动,给身体健康带来隐患。在中华民族优秀的传统体育项目中,武术是被国际社会广泛认同的健康运动,享誉海内外并深受西方人的欢迎。武术项目受场地器材的限制较少,可以随时随地练习,其中具有修身养性特色的导引养生功,非常适合都市青年研习。人们从武术的精神中获得健康支撑,在武术的锻炼中收获健康身体,在武术对外援助中促进健康交流。武术对外援助教练员的需求持续旺盛,来中国接受培训指导的外国友人从未间断,很多国家建立起全国性的武术协会。东西方民众通过体育对外援助的绿色纽带,亲切走到一起进行深入的切磋交流,分享自己练习多年的宝贵经验。[2]在多元文化的友好互动和沟通交流中,各种促进体育健康的项目相互碰撞、优势互补,增进了武术运动的良好转型与全面升级,有效改善了中国与受援国民众的体育健康。

4.8.1.4 助力中国与受援国维护"体育权利"

权利与责任是国际政治领域的主要变量,是构建国际政治经济新秩序的重要因素。中国政府始终将自身置于世界整体中,构筑人类命运共同体,承担大国责任,有效推动了广大发展中国家体育事业的进步。然而,中国在国际政治舞台上却并未有与之相匹配的话语权。中国外交智慧深受儒家思想的影响,中国政府在处理国际关系时能够展现独具东方特色的哲学魅力,为国际社会贡献特色外交理念。赋予中国在国际政治舞台上更多的体育权利,有助于中国贡献出更多与时俱进的

---

① 刘莎莎、江华:《青少年体育运动与体质健康的关联性研究》,《青少年体育》2018年第3期。
② 胡晓飞:《第一届"濮阳杯"导引养生功国际邀请赛概况》,《北京体育学院学报》1993年第2期。

治理方案,为全球体育事业进步发挥建设性作用。体育权利与体育责任是相辅相成的,中国政府义无反顾地运行体育对外援助,理应赋予中国更多的体育权利。

中国政府以合作共赢为指引,真心实意向外提供体育支援且从未间断,有效提升了弱势国家和地区的体育成绩。同时,受援国竞技体育水平的提升以及群众体育参与的扩大,为其多元化参与全球化发展奠定了基础,也为受援国体育精英人才加入国际体育组织提供了较多的机遇。①在国际奥委会以及各单项体育协会中,越来越多的高级体育官员来自发展中国家。他们真正了解中国政府承担的巨大责任,十分渴望弱势地区获得更多的外部援助,会主动营造良好的国际体育合作环境,加大赋予有助于发展中国家的体育权利,推动实现中国与受援国的体育互益,为世界民族大家庭的和谐发展谋取福利。

4.8.2 达成"援助与受援"的政治互信

4.8.2.1 推进中国与受援国的"和平共处"

2017年10月,中国共产党第十九次全国代表大会顺利召开,习近平总书记在大会报告上强调,要坚持走和平发展道路,推动构建人类命运共同体。中国共产党始终将推动世界的共同发展视为自身的责任和使命,致力于促进人类社会的友好与进步。无论是在过去还是面向未来,中国都将继续高举"和平、发展、合作、共赢"的伟大旗帜,坚持和平共处五项原则,增加对发展中国家与发达国家的体育对外援助。在和平与发展的时代主题下,中国政府一定会奉行独立自主的和平外交政策,完全尊重受援国人民选择的政治体制,充分考虑广大发展中国家的政治利益,建设体育对外援助的友谊之桥,为南南合作与南北合作搭建友好沟通渠道,促进国际政治经济新秩序的早日实现。中华民族崇尚和平、传递仁爱,中国政府勇于担当、敢于表率,中国体育对外援助在国际合作的潮流中,将会增进中国与受援国的友谊,为国际体育援助合作提供新机遇。

4.8.2.2 促进中国与受援国的"政治协作"

无论何种形式的体育对外援助,都是援助主体将体育资源提供给受援方,直接受益者是援助国及其民众。从社会交换理论的视角进行分析,援助国在提供物资或人力资源的帮扶后,能够与受援国建立良好的沟通渠道,有些援助还直接促成两

---

① 梁立启、栗霞、邓星华:《体育话语权的认识解读与提升策略》,《体育文化导刊》2019年第1期。

国建立外交关系。①同时,受援国基于自身需求的多方面考虑,也会主动加固这种"援助与受援"的友好关系。因此,一些国际性组织或政府间的重要会议上,受援国会给援助国的正义提案和友好倡议投赞成票,以实际行动来表达彼此的政治支持,由此达成一种合作双赢的政治协作。因此,体育对外援助不是一种短期行为,它能够为援助主体与客体搭建长期合作平台,加强双方的了解和信任。中国是第二次世界大战取得胜利的重要力量,但在中华人民共和国成立以来的多年时间里,一些西方国家违背国际公平与正义原则,全面遏制中国共产党领导的人民政权,导致新中国被孤立在联合国大家庭之外。在国内急需大量资金进行经济建设的形势下,中国政府于1957年毅然开启体育对外援助,对广大的亚非拉国家提供无私的支援,得到了国际社会的普遍赞誉和广泛认可。广大发展中国家坚持正义、团结一心,推动中国于1971年10月26日重返联合国,成为国际政治领域不可小觑的新兴力量。中国用实际行动证明,体育对外援助能有效促进中国与受援国的政治互信。

4.8.2.3 增进中国与受援国的"平等互利"

1964年,周恩来总理出访非洲十国期间,在加纳向世界宣布了中国对外援助八项原则,其中首要原则就是平等互利。中国政府推出无息、低息、优惠贷款等一系列措施,有效增加了大型体育场馆设施的援建,体育对外援助形成了"无偿方式主导、有偿方式辅助"的运行模式。②以无偿方式为主的体育对外援助实践,既未体现出经济上的"互利"原则,也并未能稳定保持政治上的"平等"身份。中国政府仅仅片面考虑短期的政治效应,对受援国有求必应、无限投入,忽视了物质和人力的经济成本及可持续性合作。随着规模的日益增长和金额的急剧增加,中国对外援助运行出现了财政困难,导致政府不得不强调"突出重点、量力而行"。③可见,在特殊历史时期,平等互利原则并未在实践中得到有效落实。相反,有些国家将这种无私的支援看作政治筹码,向中国无条件索取更多的资源。有的国家还无限度提高援助要求,既给中国带来了经济上的沉重负担,造成国内经济建设的物资短缺和资金分流,也产生了一些无法弥补的负面影响,导致与某些国家的政治关系直至今日仍在恢复之中。很多周边国家均得到了中国政府的礼遇和关照,中华民族的无私援助可谓是倾其所有,为他国的民族独立和经济发展贡献了巨大力量。但事与愿违,无偿提供的对外援助与无私的支援,并未提升中国与受援国良好的政治互信,

---

① 丁韶彬、阚道远:《对外援助的社会交换论阐释》,《国际政治研究》2007年第3期。
② 俞大伟:《从无偿到合作:中国体育对外援助主导方式转变探究》,《天津体育学院学报》2016年第2期。
③ 俞大伟、李勇勤:《无偿与合作:我国体育对外援助方式研究》,《武汉体育学院学报》2016年第6期。

却导致这些国家与中国政治关系的退步。因此,我们要牢记历史的惨痛经验与深刻教训,在不附带任何条件和特权的前提下,遵循平等互利的首要原则,有效达成中国与受援国可持续发展的政治互信。

平等互利并非简单指经济领域的相互受益,而是有其深刻的政治内涵,是中国体育对外援助科学运行的重要原则。"平等"是形容援助方与受援方的对等身份。中国将自身定位于发展中国家,将承担国际责任作为特色大国外交的使命之一,从未以高姿态去俯视任何一个受援国,也从未凭借体育对外援助来干涉受援国的内政,全面积极地推动南北对话与南南合作。①2015年4月22日,国家主席习近平在亚非领导人会议的重要讲话中指出:"合作共赢的基础是平等,离开了平等难以实现合作共赢。""互利"是形容援助方与受援方的相互受益。中国从不计较自身的利益得失,无私帮助发展中国家摆脱贫穷落后局面,将受援国的援助要求放在首位,从未考虑要从受援国得到任何政治利益,而是以自身的实际行动积极促进国际政治新秩序的建立。2017年9月,金砖国家领导人第9次会晤在中国厦门举行,习近平在峰会上提出了新的发展议题,专门邀请发展中国家领导人出席会议,旨在加强新兴市场国家与发展中国家的战略伙伴关系。因此,一定要有效落实平等互利的援助原则,要在突出政治"平等"互信原则的基础上,侧重政治"互利"共赢原则的充分达成。

4.8.2.4 助力中国与受援国的"和平发展"

当下,伴随着综合国力的提高,中国已经跃升为世界第二大经济体,中国保持稳定的高速发展,引起了国际霸权主义的嫉妒和打压,一些西方主流媒体大肆渲染负面言论,"中国威胁论""中国崛起论"等伪命题层出不穷,暴露了国际霸权主义和部分西方国家的丑恶嘴脸。中国政府早已明确表态,无意挑战现存的国际政治大国,绝不当头、不惹事,但也不会怕事。国家求和平、人民谋发展,这是中国也是所有发展中国家的普遍心声。因此,基于中华民族优秀的"和合"文化,中国政府友好提出了和平发展的政治理念。②中华民族不忘初心、不忘使命,持续推动体育对外援助运行,向世界展示了"仁者爱人"的命运共同体意识。中国政府砥砺前行,与人民同甘共苦,定期举办中非合作论坛,不断扩大对非洲国家的体育对外援助实践,帮助发展中国家提升体育生活的幸福指数,荣辱与共、携手前进,以合作来共同践行中国和平发展的友好理念。

---

① 高静:《美洲经济一体化中的南南合作和南北合作——从理论到实践》,《拉丁美洲研究》2008年第3期。
② 姜朝晖、孙泊:《论"和合"文化范畴意蕴下的和平发展战略》,《南京政治学院学报》2010年第6期。

和平是基本环境,发展是外延扩展,二者是不可分割的整体,既要以和平推动发展,更要以发展来促进和平。因此,中国政府提出,与世界共同实现和平发展,绝不走西方国家曾经走过的老路,坚决摒弃地缘霸权、殖民扩张、掠夺资源等方式。古代奥运会提出了向往和平的《神圣休战条约》,强调在奥运周期到来之际必须暂停所有战争,一切国家和城邦都要无条件服从这项规定,国王和士兵都自觉遵守并付诸实际行动,说明人们都十分向往安定繁荣的和平世界,也体现了奥运会在促进人类和平发展中的重要作用。[1]当今,推动奥林匹克运动的普及与繁荣,就是在促进世界的和平与稳定。聚点成线、交叉成面,中国体育对外援助为奥林匹克事业做出了巨大贡献,受到了国际奥委会的表彰和高度赞扬。当然,实现和平发展紧紧依靠一个国家或区域组织的力量仍然无法实现,中国要同周边国家、发展中国家、传统大国、国际多边舞台携手合作,积极与受援国达成政治协作与互信,在优势互补的领域扩大体育资源互通,以体育强国建设带动全球体育事业的共同进步。

4.8.3 达成"援助与受援"的经济互惠

4.8.3.1 推进中国与受援国的"经济提升"

在体育对外援助的受援国中,既有经济贫穷落后的发展中国家,也有经济实力不断上升的新兴市场国家,还有经济实力强大的西方发达国家。针对综合经济实力较弱的发展中国家,中国体育对外援助主要采用无偿援助与有偿援助相结合的方式,为受援国体育管理与后备力量建设搭建平台,推动受援国体育事业的可持续发展,为中国与受援国的经济合作铺路搭桥。同时,针对综合经济实力较强的发达国家或新兴国家,中国体育对外援助主要采用有偿援助的合作方式,侧重体育人力资源服务等软件类型的支援,推动这些国家某些弱势项目的全面提升,从中获得低于市场价格且具有优惠性质的外汇和资金,促进中国与受援国经济发展的良性循环。我们不能简单地将体育对外援助局限在政治领域,而是要开阔眼界并跳出传统观念去思考。2014年10月20日,政府适时推出《关于加快发展体育产业促进体育消费的若干意见》,为体育产品消费和体育服务供给提供了动力,以扩大体育产业成为经济转型升级的重要力量。在经济全球化发展趋势确立的今天,援助者与受援方达成的政治协作,为双方在经济领域的合作夯实了根基。因此,要在政治与经济互助的良好环境中,不断深化和扩大同所有国家的体育对外援助合作,加快中

---

① 王邵励:《古希腊奥运会"神圣休战公约"的原则与实践——以莱普瑞昂事件为例》,《体育与科学》2017年第3期。

国民族体育产品"走出去"的脚步,有效达成中外经济的转型合作与全面提升。

在传统思维中,人们受冷战特殊环境影响和干扰较多,习惯将体育对外援助视为政治工具。1980年11月,中共中央、国务院发布《关于认真做好对外援助工作的几点意见》,意在破除陈旧的思想束缚而搭乘改革春风,推动对外援助向着更加宏伟的目标跨越,即:"认真做好援外工作,广泛开展国际经济技术合作,有进有出、平等互利,为促进友好国家的经济发展,加速中国四个现代化建设做出应有贡献。"[①]国家政策已经表明了一种清晰的态度,并且从全球化的视角环视国际市场,强调充分发挥援外搭台与经贸唱戏的作用,深入开发体育对外援助的经济创汇功能。有偿外派体育技术人员与贷款援建体育场馆设施等援外合作形式,为中国带来了较为可观的外汇收入,不但能节省政府的相应支出,还可促进体育对外援助资金的循环使用,成为体育产业提振经济创汇的增长点。在经济全球化与相互依赖不断加深的趋势下,中国应全面遵循市场经济运行规律,深入开发体育对外援助的多元功能,坚持发展中国家与发达国家相均衡、对外流动与对内引进相促进、长期援外项目与短期援外项目相配合、软件援外资源与硬件援外资源相辅助,保持全面、协调和可持续发展的前进方向,为中国与受援国的经济提升贡献力量。

4.8.3.2 促进中国与受援国的"经济合作"

1992年,中国共产党在第十四次全国代表大会报告中明确提出:"要积极扩大我国企业的对外投资和跨国经营。"此后,国家领导人和国务院总理多次出访非洲,在"引进来"的基础上加大了"走出去"的力度。李岚清在访问西非时强调:"改革的主要内容是以发展经济为中心,援助、互利合作和发展贸易相结合,政治和经济相结合,政府行为和企业的参与相结合,中央和地方并举,调动各方面的积极性。"由此,受到官方机构指导和国家政策的扶持、具有对外援助资质的企业全面加入经贸合作。中国政府十分关注体育援外企业的发展,国家领导人多次到访中体国际进行视察,了解公司针对体育援外与经贸合作的发展思路,亲自慰问资深的体育援外技术专家,对企业给予了充分肯定和未来发展的期许。伴随国际贸易合作的日益扩大和不断深入,中国综合经济实力得到了突飞猛进的发展,国内生产总值稳定提升,国内大中型企业通过对外援助平台参与国际分工,高级别的体育技术人员获得了丰厚的援外合同,各种对外援助主体在有效配合政府工作的同时,参与国际贸易的友好合作呈现出多元化形式,体育对外援助和对外经济贸易携手共进。中国体

---

① 国务院:《关于认真做好对外援助工作的几点意见》,1980年11月8日。

育经济技术合作有限公司是体育援外企业,在体育技术服务、体育设施建设和体育产品贸易等方面积累了丰富的国际服务及海外运营经验,成为极具影响力的体育援外领军企业。

当前,世界正在发生着深刻和复杂的变化,国际金融危机的全面影响继续呈现,全球经济的复苏和转型依然面临挑战。中国政府适时提出的"一带一路"倡议,是惠及世界各族人民的重大民生工程,已经被国际社会广泛认同和普遍接受。中国体育对外援助也应积极参与"一带一路"建设,利用国内企业优势参与全球基础设施建设,增加中国体育援外企业的国际知名度,有效促进中国与受援国的经济贸易合作。[①]在体育产品贸易辅助对外援助运行中,国内知名体育器材生产企业能够为各种大型国际赛事提供比赛器材,为高水平运动员设计训练专用装备。在满足人民群众日常体育锻炼需求方面,中国体育援外企业为受援国提供质量一流的体育产品和体育贸易服务。由此可见,体育对外援助与对外经济贸易的有机结合,可极大缓解援助国的体育设施建设负担,帮助受援国完善体育公共服务体系。未来,在"一带一路"倡议的指引下,中外企业的跨国合作与资金的持续注入,能够促进经济贸易与体育援外的全面配合,有效提升中国与受援国的经济互惠水平。

4.8.3.3 增进中国与受援国的"授人以渔"

中国体育对外援助方式有两种,分别为无偿体育对外援助和体育对外援助合作。当受援国自身急需外部的友情支援时,具有"输血"功能的无偿体育对外援助会起到雪中送炭的作用。当受援国具有一定的经济基础后,具有"造血"功能的体育对外援助合作,会推动受援国体育事业的可持续发展。可见,具有"输血"功能的无偿体育对外援助短期效果显著,具有"造血"功能的体育对外援助合作可持续性突出,这两种体育援外方式都是十分重要的。而以"有来有往"的合作方式作为方向引领,以"雪中送炭"的无偿方式作为辅助配合,实现由"授人以鱼"到"授人以渔"的转变,应是中国与受援国共同追求的目标。在中国体育对外援助的光辉历程中,中国政府通过无偿或有偿合作的援外方式,为发展中国家援建了几十座体育场馆设施。这些大型项目具有标志性风格,带有受援国鲜明的民族文化元素,具有较高的建造成本和质量上乘的施工保证,均达到了承担国际比赛的高标准和严要求。由于受援国人力资源配套及日常维护的缺失,很多体育场馆设施在运行一段时间后不得不进行大面积翻新,给中国政府带来了一定的经济负担。因此,硬件类型的

---

① 孙伟:《"一带一路"建设中我国的对外援助与开发合作》,《宏观经济管理》2017年第6期。

体育对外援助固然重要,软件类型的体育对外援助更是必不可少,这是"从输血向造血"转变的关键环节。[①]"自力更生、自主发展"是发展中国家的生存之道,是中国政府启动这项外交工作的初心。所以,一定要避免完全依赖于外部营养的输送,必须增加软件类型体育对外援助类型的相关合作,以无偿与有偿方式的有机结合及相互助力,促进援助双方真正达成"下海捕鱼"的目标。

目前,在援建大型综合性体育场馆设施时,中国政府都会成立体育技术合作组,由中方专家负责对受援国进行培训和指导,提高体育行政人员和场馆工作人员的管理服务意识。2011年1月,中国政府援助莫桑比克建设的津佩托体育场竣工移交。这座体育场像一枚十字带花的勋章坐落在市郊,由于在体育场设施管理方面的人才比较匮乏,受援国在体育援建项目通过质保期后,请求部分专家留下继续提供"售后服务",并进行技术培训、设施运行、设备维护等指导工作。几年来,正是中国体育援外专家的辛勤付出,为这座国家级体育场的良好运行提供了保障,有效带动了各项体育产业的发展,推动莫桑比克先后举办全非洲运动会、非洲杯足球预选赛、国内职业足球联赛等大型赛事。2014年8月3日,莫桑比克足球队在中国援建的这座国家体育场成功晋级非洲杯足球赛。全国人民举国欢庆,感谢中国政府和援外专家的无私帮助。这座具有国际标准的体育援外工程,在莫桑比克人民独立自主的管理运营下,促进了本国体育精英人才的快速成长,赋予了受援国参与地区性体育赛事举办权的竞争机会,达成了体育事业可持续发展的长期目标。中国体育对外援助"从无偿到合作"的转型升级,推动了"授人以鱼到授人以渔"的全面跨越。

4.8.3.4 助力中国与受援国的"互利多赢"

中华传统文化十分看重义与利的关系,儒家思想主张重义轻利,将义置于利之上。义与利只有先后、主次、轻重之分,而不可取舍、剔除或抹去。在中国体育对外援助运行中,"利益"是一个比较避讳的词语,在很多官方场合中,更多提到的是责任和义务,这有着重要的历史根源与现实原因。体育对外援助虽涉及国际政治与国家外交,但其目标是帮助受援国实现自力更生,促进其在体育领域的良性发展。但绕开或闭口不谈利益却是错误的,因为中国体育对外援助所承载的经济数额并非儿戏,不能碍于面子而让国家承担不必要的经济损失,抑制体育对外援助的可持续发展。体育对外援助虽然属于公益事业,但绝不代表只能采取无偿赠送方式。

---

① 刘涛:《促进中国对外援助发展的法治化建议》,《广西政法管理干部学院学报》2016年第1期。

1987年体育对外援助合作主导方式确立至今,无偿体育援派的数量已逐渐减少,体育援外合作的规模日益扩大。可见,无偿赠送应主要用于紧急的人道主义援助中,为受援国提供急需和必需的体育资源。而在一般条件下,我们要遵循体育对外援助的规律,全面运用合作方式加深中外双方的互利共赢,既要带动受援国提升经济发展的"造血"能力,也要提升中国政府在各领域中的"供血"能力。

体育援外合作具备援助的特殊属性,中国政府往往会提供优惠于市场的标准,最终的福利待遇是通过官方协商确定的价格,完全能够让受援方节省很大一部分财政支出,"友谊价"深受国际社会的高度赞誉和热烈欢迎。[①]在美元汇率变动和调整的情况下,我国《外派体育技术人员待遇和财务管理办法》几经改革,逐渐提高了体育援外教练员的总体收入,不断增加体育对外援助的经济创汇。在管理费用的分配上面,国家体育总局所得部分一再降低,地方体育局所得部分逐渐提高。1995—2003年的统计数据显示,外派体育技术人员提取的管理资金共计为138.49万美元。[②]地方体育系统充分运用这部分援外创汇资金,加大了区域范围内的体育经济投入力度,推动了优势运动项目发展和对弱势运动项目的扶持,激发了各个部门参与的活力。体育对外援助合作可以是资源的双向流通,中国在为受援国提供体育资源后,一定时期内可以收回成本或少量利息。向外流动的资源为受援国输送了急需的硬件与软件,向内回流的资金增加了援助国的外汇储备,因此,要积极拓展体育对外援助合作方式,深入开发软件类型体育援外资源,实现中国与受援国的互利多赢。

4.8.4 达成"援助与受援"的文化互鉴

4.8.4.1 推进中国与受援国"文化精髓"的弘扬

"和"是事物产生的一种过程,一般指和睦、和平、和谐。"合"的本义是上下唇的合拢,一般指汇合、融合、合作。"和合"是指在多种相互冲突的元素和要素之间,通过解决矛盾而并存,进而达到平衡和谐的一种状态。[③]可见,"和"是理想目标,"合"则是实现"和"的途径与手段。"和合"文化是中华人文精神的核心,也是中华民族文化思想的精髓,在历史长河的发展演变中无处不在,对各个领域层次产生了极其深

---

① 匡乐华:《体育使者搭起外交友谊桥梁》,《中国体育报》2013年5月15日。
② 林香莱:《我国乒乓球教练员援外的研究》,北京:北京体育大学,硕士学位论文,2006年5月。
③ 史艺军、关朋:《中华传统"和合"思想与习近平的世界文明观》,《广东行政学院学报》2017年第6期。

刻的影响,成为中华儿女繁衍生息的生命源泉。①在中国的文化发展史上,各家各派都以"和合"为其理论支撑,在承认世界多样性、差别与矛盾的前提下,通过协商来和平解决难题,主张人与人之间和谐共处,期待"四海之内,皆兄弟也"。中华人民共和国成立至今,中国相继提出"和平共处""求同存异""和谐世界""和平发展""人类命运共同体"等创新性思想,表达了与世界各国人民携手共进的美好意愿,是对"和合"文化精髓的发扬。2005年12月22日,国务院新闻办公室发布《中国的和平发展道路白皮书》。这是在和平与发展的时代背景下,在中华民族"和合"文化精髓的指引下,中国政府向世界人民做出的"和平发展"郑重承诺。2017年10月18日,习近平总书记在中国共产党的十九大报告中特别强调:"文化是一个国家、一个民族的灵魂。""和合"文化精神,就是中华民族繁衍生息的根系,它体现了中华民族的包容与和谐,是中国政府所追求的一种秩序观。中国尊重世界文化的多样性,在求同存异中维护世界和平,促进共同发展。未来,体育对外援助依然会主动承担此项重任,作为和平使者积极传递和谐音符,通过多种形态的体育对外援助合作,促进中国与受援国文化精髓的传递与传承。

4.8.4.2　促进中国与受援国"优良传统"的继承

在封建社会漫长的历史进程中,儒家文化思想始终处于中心位置,形成了独具中国特色的优良文化传统,"仁者爱人"的道德规范和"重义轻利"的价值观念等,无时无刻不在影响中国的对外交往。"仁"是儒家文化的基本内核,是一切道德行为的根本。"仁"的精神是"爱人",是用一颗仁爱之心去看待所有的人和事,不仅仅是爱自己,更要关怀和爱护他人,爱一切人。儒家思想的基本原则就是"仁爱",凡有人群的地方,就存在着彼此相爱的关系,正是这种相爱使社会保持融洽和谐。秉持"仁者爱人"的道德规范,中国政府十分重视体育对外援助工作,以真诚友好的态度向世界伸出援手。在受援国提出请求和面临困境时,中国政府提供实实在在的体育物资和满怀热情的体育专家,不遗余力为其体育事业的可持续发展贡献力量。助人为乐的体育对外援助故事,继承了中华民族优良的文化传统,像洁白的和平鸽飞往全球各地,传递着中国人民的仁爱之心。②

人类文化多样性赋予这个世界姹紫嫣红的色彩,多元可以带来交流,融合能够孕育创新,共享才能产生进步。每个国家的体育对外援助都各有特色,与本国文化传统有着极其深刻的渊源。中国政府首先考虑体育对外援助能够产生的利他元

---

① 陈立旭:《和合文化的内涵与时代价值》,《浙江社会科学》2018年第2期。
② 张世英:《中国传统文化中的"仁爱"》,《中国文化报》2014年3月25日。

素,其次才会评估运行机制与运行体系所具备的体育资源对外供给水平,这体现了中华民族"重义轻利"的优良传统。①在外交活动中,中国始终坚持平等互利的原则,绝不以损害他国利益为代价来谋求自身发展。中国运行体育对外援助没有任何附加条件,所考虑的并不仅仅是自身的国家利益,在具体实施中做到了牺牲小利而求大义,有效推动了国际体育事业的进步。

4.8.4.3　增进中国与受援国"民族精神"的交融

中华民族之所以能创造出延绵数千年的历史文明,之所以能战胜种种艰难险阻,不断走向团结统一和繁荣富强,与民族精神所具有的强大凝聚力、感召力分不开。中国体育对外援助这座友谊之桥,能够为中外民族精神的友好交融,搭建起多元化的沟通平台,推动人类的文明进步。

随着综合国力的增强,中国相应加大了紧急人道主义援助的快速投入,先后向遭遇地震灾害的伊朗、阿尔及利亚,向遭遇水灾的斯里兰卡、巴基斯坦,向遭遇海啸的东南亚和南亚诸国,向遭遇飓风灾难的美国,向遭受恐怖袭击的俄罗斯等国家提供了紧急援助,同时还向遭受战乱的叙利亚、伊拉克、阿富汗等国家提供了体育资源,充分体现了中华民族"想他国之所难、解他国之所需"的民族精神。中国体育对外援助运行机制经历了漫长的历史进程,已经成为中华民族精神与世界民族精神交融的纽带。2002年5月22日,位于东南亚的岛国东帝汶正式独立,联合国组成"支助团"为其政府重建工作提供协助,中国政府积极为其体育事业提供援助。②2004年,中国田径协会向东帝汶无偿援助4万余元的田径器材,传递了中华民族的真诚和友好。③2006年11月,中国足球协会基于足球运动项目发展需要,无偿为东帝汶青少年提供训练所需的球和鞋等装备,意在促进东帝汶体育事业在国际上崭露头角。

4.8.4.4　助力中国与受援国"智慧结晶"的共享

中国是个古老而神奇的国度,历史悠久且从未断层,文化璀璨而繁荣昌盛,给人类留下了丰富的文化遗产。武术是中国传统体育项目的代表,是中华民族传统文化的智慧结晶。1981年12月,中国政府首次外派武术教练前往墨西哥,开启了官方运行武术对外援助的征程。从贫穷落后的非洲国家,到富裕发达的欧美国家,武术对外援助承载着中华优秀文化,跨越了地域、超越了民族,推动了中国与世界

---

① 田杰英:《先秦儒家重义轻利思想评析》,《哈尔滨市委党校学报》2012年第4期。
② 刘新生:《平等相待 真诚友好——中国与东帝汶建立外交关系10周年回顾与展望》,《东南亚纵横》2012年第5期。
③ 国家体育总局体育文化发展中心:《中国体育年鉴2007》,北京:中国体育年鉴社,2008年,第340页。

的交融和互动。配合武术教练的短期出国讲学,向受援国武术协会援赠体育器材等措施,中华民族充分与世界共享智慧结晶。2017年10月18日,习近平总书记在党的十九大报告中提出:"加强中外人文交流,以我为主、兼收并蓄。推进国际传播能力建设,讲好中国故事,展现真实、立体、全面的中国,提高国家文化软实力。"中国体育对外援助可凭借武术项目的稳固基础、良好的梯队建设条件、多元化的联赛市场,扩大武术资源对外和对内的双向流动,既一如既往地向贫穷落后国家无偿支援硬件武术器材,又根据世界武术的发展现状,吸引国外优秀运动员和青少年人才来华学习。在此基础上,适当加强武术对外援助的主动性,表达全力承担国际责任的坚定态度,讲述"有朋自远方来,不亦乐乎"的动人故事,对外宣传中国的"和合"文化,全面达成人类命运共同体的广泛认同。

科学技术是人类智慧结晶的重要领域,被人们形象地赞誉为第一生产力,是推动社会进步的动力源泉。目前,世界竞技体育得到了高速发展,众多世界纪录被相继打破,这正是得益于先进科学技术的投入。中国政府在体育领域与时俱进,不断加大科学技术的投入、研发与转化力度,推动了竞技体育成绩的稳步提升。中国健儿在国际赛场争金夺银的实力日益强劲,成为国际体育界备受瞩目的中华力量。随着体育对外援助的持续深化,中国与受援国的体育合作日益紧密,双方友好分享先进的体育软件、科研方法和训练手段。当前,中国政府致力于体育强国建设,推动体育事业的科学及可持续发展,并以体育对外援助带动国际体育事业的整体进步。科学技术的互通、共享与创新是动力源泉,体育对外援助的互动、支持与合作是传递媒介,体育强国的建设、带动与提升是共同目标。[①]未来,体育对外援助将成为特色体育外交的一张绿色名片,推动武术文化、科学技术等智慧结晶的共享,促进中国与受援国共同发展这一美好目标早日实现。

4.9　从合作到共赢:中国体育对外援助运行机制的特色

4.9.1　呈现出特色的国际担当

4.9.1.1　坚定传承的国际主义

国际主义是无产阶级奉行国际联合的基本理念,是国际共产主义运动的主要

---

① 顾大成:《中国竞技体育强国的建设与科学技术的理性应用》,《广西教育学院学报》2011年第4期。

指导原则,是社会主义阵营团结互助的思想基础,也是中国体育对外援助的运行指引。第二次世界大战后,国际社会的巨大变化是社会主义制度由一国发展到一个阵营,这就推动了国际主义精神的发扬和传播,成为社会主义国家处理外交关系的一项基本原则。中国共产党是全国各族人民的引领者,带领无产阶级先锋队冲在艰难困苦的最前方,在国际主义的强大支持下建立了中华人民共和国。中国共产党带领中国人民取得革命斗争的胜利,巩固人民民主政权,重振国内经济,都离不开世界无产阶级的鼎力相助。"在帝国主义存在的时代,任何国家真正的人民革命,如果没有国际革命力量在各种不同方式上的援助,要取得自己的胜利是不可能的。胜利了,要巩固也是不可能的。"①新中国体育援外教练第一人史万春,在时间紧、任务重的形势下,克服多重困难,通过短期集训和临场变阵,带领北越足球队取得了重要胜利,正是体育战线贯彻国际主义精神所取得的优异成果。

1958年10月29日,中共中央在批转《关于加强对外经济、技术援助工作领导的请示报告》中着重指出:"认真做好对外经济、技术援助工作,是一项严肃的政治任务,也是我国人民对兄弟国家和民族主义国家的人民应尽的国际义务。"从社会主义国家到民族主义国家再到资本主义国家,从周边国家到非洲国家再到拉丁美洲国家,从建交国家到友好国家再到国际组织,中国体育对外援助全面发展,援助地域渐渐扩大,援助形式日益丰富。虽然历史在发展,时代在变迁,但是作为马列主义思想的坚定拥护者,中国领导人坚持发扬国际主义精神,坚决反对帝国主义的霸权侵略。他们坚信:"无产阶级只有解放全人类,才能最后解放自己。无产阶级专政的历史任务,主要是防止帝国主义的侵袭(包括武装干涉与和平瓦解),支援世界革命,直到各国人民最后结束帝国主义、资本主义的剥削制度。"②"帝国主义是全世界各国人民的共同敌人,为了争取共同事业的共同胜利,各国人民需要相互支持、相互援助,特别是已经取得革命胜利的国家,更有神圣的义务去支持和援助正在为争取独立和解放而英勇斗争的兄弟国家人民。"③

4.9.1.2　无私奉献的国际使命

亚洲、非洲、拉丁美洲是发展中国家的集中地,历来是中国体育对外援助的重点区域,每年都会有人数众多的体育援外教练员被派往距离祖国相对较远的国家。有些发展中国家经济条件极其贫困,各种公共设施和卫生条件非常落后,常常伴有

---

① 官力:《中华人民共和国独立自主新型外交的创建》,《中共四川省委省级机关党校学报》1999年第3期。
② 袁银传、乔翔:《论马克思关于无产阶级解放阶段的思想》,《武汉大学学报(人文科学版)》2009年第2期。
③ 朱蓉蓉:《中国共产党对外援助策略的历史演进》,《毛泽东邓小平理论研究》2011年第9期。

一些流行性传染疾病,甚至国家和社会还处于动乱之中。中国援外志愿教师郭绍伟在缅甸一所小学执教多年,身兼数职,是一名全能型体育教师,利用业余时间为学校维修电路、电器和电脑,以保障学生们能够上网学习,他也因此深受广大师生和家长的尊敬与爱戴。2017年3月11日,缅甸北部的果敢地区发生冲突,一枚炮弹击中了果敢红岩学校及周边建筑,郭绍伟不幸遇难,为国家体育援外事业献出了宝贵的生命。有些经验丰富的教练员常年坚守在第一线,身心受到多重创伤而无法康复,有的教练员由于失去最佳治疗时间,倒在了难以割舍的训练中。当受援国运动员在国际赛场摘金夺银时,民众看到的是表面的成绩和荣誉,却无法体会到援外功勋教练所付出的辛苦。中国体育教练员不惧怕困难环境,一往无前,成为国际社会了解中华文化的一张名片,彰显了中华民族甘于无私奉献的国际担当。

中华民族素有扶危济困、雪中送炭的优良传统,正因如此,人道主义援助一直是中国政府对外援助的重要组成部分。2004年,印度洋突然爆发了较高级别的海啸,泰国受到的破坏程度比较严重。中国援助泰国教练白建平和任春生毫不犹豫地投入志愿服务之中,被紧急安排到军用机场搬运救灾物资。援外教练员舍己为人的精神感动了泰国民众,他们在救灾现场的广播中反复播放:"我们受灾了,有中国朋友来帮助我们,中国和泰国是兄弟。"①中央电视台驻泰国记者对此事进行了专访,并在《焦点访谈》节目做了详细报道。中国政府积极调动一切资源捐钱捐物,中国体育援外教练主动组成志愿者,各方援助力量快速奔赴受灾地区,以无私的奉献赢得了国际社会的赞誉,彰显了中国主动承担国际责任的使命及价值。2004年12月2日,商务部颁布了《援外青年志愿者选派和管理暂行办法》,就援外青年志愿者的具体工作做出了明确规定,将援外青年志愿者服务正式纳入援外工作范畴,成为中国体育对外援助的全新形式。与此同时,中国连续举办援外管理规章培训班,对援外项目的有关人员进行全面指导,切实把好援外任务的质量关。截至2007年9月,中国已向老挝、缅甸、泰国、埃塞俄比亚等7个国家派出了204名青年志愿者,开展了体育教学等方面的志愿服务。体育青年志愿者深入受援国学校和社区,热情为当地民众服务,展现了中国青年乐于奉献的精神风貌。

4.9.1.3　统揽全局的国际视野

长久以来,受到传统思维束缚和意识形态的局限,中国极少向西方发达国家提供体育对外援助。在和平与发展的时代主题下,爆发全球性大规模战争的可能性

---

① 国家体育总局:《改革开放30年的中国体育》,北京:人民体育出版社,2008年,第328页。

被降到最低,各国推动经济发展以提升人民生活水平的意愿日益增强。发达国家特别渴望外部市场帮助消耗多余产品,发展中国家也十分需要领先技术带动经济提升。因此,中国政府积极推动体育对外援助与经济贸易的有机结合,促进了南南合作与南北合作的日益繁荣。中国体育对外援助坚持以发展中国家为基石,并在改革开放带动下不断扩大,向北欧与北美地区的发达国家援派体育教练,推动体育对外援助与南北合作的良好对接,受到了发达国家及国际援助体系的赞誉。从周边友邻到亚洲友邦、从拉美朋友到全球伙伴,既有贫穷落后的广大发展中国家,也有经济持续增长的少数新兴市场国家,还有经济实力强大的部分西方发达国家,中国体育对外援助逐渐形成了世界各个角落的全面交流局面。在援助与受援的双边关系上,以国家对国家的双边体育援助为基础,中国积极参与国际组织的多边体育援助,并在民间资本的补充下向多元路径扩展,这种多渠道、宽领域、全覆盖的体育对外援助特色,全面呈现了中国统揽全局的国际视野。

中国政府统揽全局的国际视野,在体育对外援助运行中有着十分鲜明的体现。中国政府始终以真诚与仁爱之心,向世界各国提供力所能及的体育支援,通过自身的实际行动推动奥林匹克运动的普及,以友好态度和责任意识促进了世界的和平共处。1979年,中国奥委会重返国际奥委会大家庭,中国开始以更加积极的姿态全面参与国际多边体育援助,为国际体育事业整体格局的优化贡献了力量。1986年,国际奥委会主席萨马兰奇专程来华,向中国奥委会颁发了"国际奥林匹克杯",以表彰中国体育对外援助的大国贡献和全局意识。同时,中华全国体育总会及各单项运动协会,通过中国官员担任国际体育协会的职务,代表中国政府对发展中国家积极赠送实物等形式,促进了国际体育事业的全面布局和整体提升。当前,在中国具有优势的一些奥运项目上,国家体育总局通过官方及非官方途径,主动邀请一些国家的优秀运动员来华接受训练,利用自身的产业优势和丰富的体育资源,为这些国家培养青年梯队和后备力量。基于"走出去"和"请进来"的有机结合,中国扩展了体育援外渠道,扩大了民间体育交往和人力资源流动,主次分明、互有侧重、亲力亲为,推动了世界体育的持续发展,彰显了中国政府统揽全局的国际视野。

4.9.1.4　包容开放的国际精神

中华民族为了抵抗外来侵略,建造了防御性的长城;为了与世界各族人民友好往来,艰难地开通了"丝绸之路",无私地将丰富矿产和资源向外传递。[①]为了与周

---

① 吕江:《全球能源变革对丝绸之路经济带能源合作的挑战与应对》,《当代世界与社会主义》2018年第1期。

边邻邦友好沟通,以"厚往薄来"的热情,接待世界各地的客人。这种根植于中华文化的包容与开放,推动了中国体育对外援助的运行。2005年,在雅加达举行的亚非峰会上,时任国家主席胡锦涛提出共同建设一个"和谐世界"的美好理念。中国体育对外援助随势而动,充分利用中非合作论坛沟通机制,扩大对非洲国家的体育对外援助规模;在中非发展基金带动下,加大体育公共服务设施的开发与建设。同时,有序增加体育对外援助志愿者的选派,扩充体育人力资源方面的来华培训项目。

当前,中国政府非常重视发展中国家的基础设施建设,利用中国特色的经验、资源和优势,对"一带一路"沿线国家的体育公共设施进行全面支援,打造全方位、立体化的体育对外援助模式,彰显了包容开放的国际主义精神,为创造持久繁荣的和谐世界贡献力量。

4.9.1.5 命运与共的国际意识

当下,资本主义国家面临着严重的经济危机,而发展中国家的经济基础稳中攀升,已经形成了强大的新兴力量市场,在"金砖五国"的带领下,展现出强大的经济推进势头。[1]中国在世界经济的整体发展中做出了巨大贡献,承诺人民币不贬值、主动购买美国国债等一系列措施,不但有效帮助西方资本主义国家缓解了经济衰退的势头和负面影响,还加大了对发展中国家的体育对外援助力度。中国政府适时提出"金砖五国+"的倡议,让广大的发展中国家加入新兴力量市场,意在推动世界经济的良性运转。[2]构建人类命运共同体的理念,源于中国、属于世界,是中国与世界的交响协奏。在这一饱含东方智慧与天下情怀的理念的感召下,国际社会同声相应、相向而行,携手为命运与共的人类未来谱写壮美乐章。

当前,金融危机、恐怖主义、恶性疾病等,已成为具有极大破坏性和影响力的全球性问题,人类命运无可避免地紧密联系到一起。可见,人类一定要树立命运共同体的强烈意识。越来越多的国家开始意识到,构建人类命运共同体理念与《联合国宪章》的精神高度契合,在应对重大全球挑战时必将凸显其时代价值。当前,美国、英国等一些经济发达国家,单方面提出"本国优先"的口号,将自身的利益放在第一位,不顾世界及其他国家与民族的得失,试图开启并推动逆全球化的发展模式。[3]

---

① 玛蒂尔德·沙坦、朱里奥·格拉瑞蒂:《国际政治中的新兴力量:金砖五国及其软实力》,《对外传播》2017年第10期。

② 常华:《开启金砖合作新的航程》,《科技智囊》2017年第10期。

③ 张昆鹏:《特朗普"美国优先"政策的深层动因及对华影响》,《和平与发展》2017年第6期。

在全球性的政府间跨国组织中，英、美等国不履行本应该属于自己责权范围内的义务，不遵守签订多年或早已承诺的协议，野蛮无理地拒交自己责任范围的会费，并利用发达国家的经济地位优势，在重要的国际协会及世界组织中无故退出，导致一些流氓国家的跟风和耍赖。这是极其错误和危险的，因为任何一个主权国家和世界民族都不会永远保持孤立存在和独立发展。为了自身的利益而不顾集体利益和他国利益的做法，是极其错误的。中国政府始终坚信，中华民族是世界大家庭的重要成员，在"地球村"中要积极承担自己的使命和责任，互帮互助而实现合作共赢。构建人类命运共同体，不仅需要以先进的思想启迪世界，更需要以行动的力量改变世界。国际社会热议着中国为人类绘制的美好蓝图，也关注着中国以怎样的姿态将理念付诸实践，中国体育对外援助在规模上不断扩充，在形式与渠道上日益丰富，在官方与民间配合下全面运行，彰显了中国致力于构建人类命运共同体的大局观。

4.9.2　展现出特色的大国责任

4.9.2.1　心系贫困地区的大国情怀

1996年5月，国际奥委会在欧洲总部举行体育对外援助会议，主要向心系贫困地区的国家、非政府组织、单项体育协会等发出诚挚邀请，中国、韩国和部分经济合作组织主要成员国参加了会议。这次会议重点讨论了向发展中国家提供体育对外援助相关事宜，中国奥委会派代表出席并作大会主题发言，对中国40余年来的体育对外援助工作进行了概括，展示了一系列令国际社会赞誉的具体数据，让来自世界各地的各级体育官员真正了解到中国政府始终在默默无闻地坚守大国情怀。萨马兰奇高度赞扬了中国政府的无私奉献精神，并建议在运行体育对外援助实践时多做一些十分必要的宣传工作。①

2018年6月，在金边北部湄公河平原上，中国援助柬埔寨的体育项目在有序推进。这座容纳6万名观众的大型体育设施，不仅融入了柬埔寨文化中的"合十礼"，在外观上还像一个扬帆起航的帆船造型，预示着两国文化交流的源远流长。这项工程不但为柬埔寨解决了1200多个就业岗位，还将作为东南亚最先进的现代化体育场，带动地区性体育产业的联动发展，这彰显的正是中国倾情付出的大国情怀。

---

① 国家体育总局体育文化发展中心：《中国体育年鉴1997》，北京：中国体育年鉴社，2000年，第16页。

4.9.2.2 贡献体育治理的大国方案

国家制度的发展要经历奴隶社会、封建社会、资本主义社会、社会主义社会,最终迈进共产主义社会。这是一个由低级到高级的发展过程,也是生产力和生产关系发生转变的过程。不同的社会制度具有不同的特点,社会主义国家制度的特点是实行生产资料公有制,真正实现人民群众当家做主。[①]随着时代进步和社会发展,人们已经跳出了传统思维模式,认识到无论是资本主义制度还是社会主义制度,都完全可以实施市场经济体制,也必须遵循市场经济规律。今天,有的社会主义国家解体了,有的社会主义国家转变为实行资本主义制度,只有中国在内的极少数国家仍在实行社会主义制度。中国共产党不忘初心、坚定思想、坚持信念,始终将人民群众的个人利益放在首位,努力推动全面建设小康社会目标的早日实现。同时,中国领导人在多个国际舞台上发表演讲,提出中国治理方案的智慧与主张,不断提高对发展中国家援助的时效性,呼吁南南合作与南北合作的深化及转型,并以身作则、亲力亲为,用实际行动为国际体育发展做出表率。如今,中国综合经济实力持续增长,人民生活水平和生活质量稳步提高,很多资本主义发达国家都在模仿中国的特色发展模式。[②]中国政府毫无保留地将自己的成功经验与世界无私分享,不断贡献自身的改革治理经验与良治措施。

当前,中国的很多跨边界生活的少数民族,在体育对外援助运行中扮演着重要角色。如东南亚国家与中国的云南接壤,地理位置的相近与气候条件的相似,为中国运行对外援助提供了方便。东南亚国家将一些有潜质的青少年运动员送到临近的中国省市进行集中训练,利用中国在体育领域的资源与优势,为本国青少年体育人才提供优质训练环境。这些运动员取得了长足的进步,在区域性及洲际性的比赛中崭露头角并取得优异成绩。这种独特的援助模式为国际奥林匹克发展援助计划的开发与落实,贡献了独具中国特色的大国方案。

4.9.2.3 讲述助人为乐的大国故事

助人为乐是儒家文化中"仁爱"的具体表现,也是中华民族的传统美德。中华民族乐于帮助他人,敢于践行大国使命并承担大国责任。古往今来,无论是在自己军事力量强盛之际,还是在国家经济陷入困境之时,面对需要帮助的周边友好邻邦,中国都会毫不犹豫地伸出援助之手。在东亚朝贡体系中,众多的周边小国在面

① 王庆五:《社会主义国家发展阶段与现阶段国家制度初探》,《江汉论坛》1988年第5期。
② 王英文:《从世界现状看中国发展模式的正确性》,《学理论》2013年第13期。

对战争与灾难时,无数次向中华民族提出援助请求。①也正是中华民族助人为乐的仁爱精神,让周边国家的百姓顺利渡过难关,推动了东亚文化圈的稳定与繁荣。因此,雪中送炭、救人于危难之中的中国经典故事在国外得以广泛流传。武术项目是中华文化的代表形式之一,承载着中华民族谦虚礼让的文明精神。在古代就有很多武术爱好者不远万里来到中华民族的富饶土地上,与不同门派的武术家进行交流学习,并将中国武术及文化精神带到海外。中国著名的佛教寺院"少林寺",因其历代少林武僧潜心研创和不断发展的少林功夫而名扬天下,素有"天下功夫出少林,少林功夫甲天下"的美名。②来自海内外的武术爱好者,络绎不绝地前来学习。少林寺的代表团也积极走出国门,在海外建立分支机构和武术协会,旨在帮助他国建立武术训练基地,传播中华武术文化。少林寺武僧代表团在国外巡回演出,经常一票难求。

讲述助人为乐的大国故事和中国情缘,是要让国际社会充分了解中华民族,认同中国政府的亲民政策与发展成绩,塑造真实的国际形象。中国文化谦虚、内敛,西方文化外露、张扬。因此,中国政府在运行体育对外援助时,并不进行积极宣传和广泛推广,而是以十分低调的实际行动,帮扶受援国体育事业全面提升。西方社会恰恰相反,各大主流媒体争相报道本国为发展中国家做出的成绩与贡献。

中国政府挑选的教练员都是优质体育人才,有的曾在世界体坛取得显著成绩,有的始终在国家一线队任教练,有的还是发展潜力无限的青年骨干精英。蔡振华指导是世界顶级的乒乓球教练员,在运动员期间就获得了无数国际奖项,在转型走上教练员工作岗位之时,接受国家对外援助意大利的执教任务,经过不懈努力带队进入世界一流阵营。在顺利完成这项神圣的援外工作回国后,他便接手国家乒乓球男队主教练一职,凭借丰富赛事积累和援外执教经验,带领中国乒乓球队重回世界巅峰。中国政府以实际行动来塑造国家形象,优先考虑受援国需求而派出支援,讲述了"助人为乐、手留余香"的生动故事。在国际奥委会召开的体育发展援助会议上,一些国家的高层官员多次强调中国做出的巨大贡献,对中国主动承担大国责任给予充分的肯定与赞扬。他们提出:"中国体育对外援助真正做到了实处,做得多、说得少,国际社会需要向中国学习。"这一公正的评价,表明中国政府的行动得到了国际社会的广泛认同。中华民族传统文化的独有特点,造就了中国体育对外援助的东方特色,让世界人民共同讲述中国助人为乐的生动故事。

---

① 宋晓芹:《试论中国在东亚朝贡体系中的地位和作用》,《大连大学学报》2017年第4期。
② 孙凯文:《少林武术的概念研究初探》,《科技展望》2015年第20期。

4.9.2.4　绝不附带任何条件的大国风范

对外援助是一种公益行动和善意的帮扶,是最透明、最纯粹的义务,表达的是援助国无私奉献的精神。西方国家却以帮助实现自由与民主为借口,将对外援助与政治利益相捆绑,试图干扰受援国的主权和内政建设。西方国家编织的理想与实践恰好相反,其经常以对外援助为经济诱饵,插手受援国的政治改革与民主进程,从而达成控制受援国政府和资源的险恶目的。20世纪40年代末,西方国家主导的国际援助体系逐渐起步,在经历了50—70年代的巨额援助后,反而导致非洲国家的经济停滞与倒退。[①]事实证明,附带政治条件和其他任何特权的援助,是不能有效解决受援国所面临的困境的。中国体育对外援助是一种无私奉献,真心诚意表达出主动承担大国责任的意愿。对外经济技术援助八项原则中的"绝不附带任何条件,绝不要求任何特权"被重点强调并在实践中得以充分贯彻,中国政府充分尊重受援国主权,将支持受援国独立发展、自力更生放在首位。

中国政府将郑重承诺落到实处,从未将体育对外援助与政治、经济等条件相捆绑,并以实际行动表达这种国际公益的初心。中国派出的体育援外教练员和技术专家,绝不允许享受特殊的经济待遇及工作特权,完全与当地人民群众同甘共苦,同吃、同住、同奋斗。这同西方援外专家的优惠待遇和奢侈的物质要求,形成了鲜明的对比及巨大的反差。因此,在某些大型体育援建设施落成奠基仪式上,受援国的高级官员甚至最高领导人,会亲自为中国体育援外专家颁奖,以示受援国人民发自内心的尊敬。当中国体育援外专家接受表彰时,受援国民众会肃然起敬地送上热烈的掌声,以表达对中国政府和人民的敬意及感谢。[②]坐落在非洲各国的体育对外援助设施,是中国积极承担国际责任的历史见证,"为非洲戴上了一条金色的项链",为非洲文化增添了丰富多彩的光环。

4.9.3　显现出特色的中国实践

4.9.3.1　"走出去"与"请进来"相结合

体育对外援助中,针对资源的流动,有着对外与对内两种不同方向。在体育资源的对外流动中,中国政府采取体育教练的对外派出、体育场馆设施的对外援建、体育器材装备的对外捐赠等形式,向受援国提供无私的帮助与支持。这种由内向

---

① 刘德斌:《中国叙事、公共外交与时代博弈》,《探索与争鸣》2017年第12期。

② 国家体育总局:《改革开放30年的中国体育》,北京:人民体育出版社,2008年,第327页。

外的资源流动,表达了中华民族"万里尚为邻"的热情。[1]在体育资源的对内流动中,中国政府经常采取接收外国留学生来华学习,接收友好国家体育后备力量来华受训,接收非洲国家体育官员来华培训等形式,为受援国在体育人力资源方面提供指导的平台和机会。这种由外向内的资源流动,表达了中华民族"海纳百川"的好客与胸怀。中国政府没有墨守成规,而从大局出发,在运行体育对外援助的初期,就将"走出去"与"请进来"相结合。中国在1957年首次对外派出体育教练后,于1958年开始接收发展中国家的体育人才,他们在中国进行各种体育专项的短期技术训练或长期访问留学。北京体育大学和上海体育学院等知名学府,有力配合国家体育外交大局,积极提供优惠政策,并为留学生提供舒适的学习环境。这些留学生在中国接受了良好的高等教育,通过上课期间的学习和课余时间的生活,深入了解了中华民族文化与中国的风土人情,对中国共产党的英明决策与亲民政策有了深入认识,往往会被博大精深的东方文明所吸引。他们在学业有成回到祖国后,大多会在本国体育系统、高等体育院校或者国际体育组织中担任要职,因为对中国体育对外援助心怀感恩,他们会不遗余力地推动所在国与中国进行更加深入的体育人才交流。

改革开放政策确立后,中国的大门向世界敞开,中华民族欢迎五洲来客,中国政府以崭新姿态大步走向国际舞台,中国人民与世界各族人民的交往日益亲密。在官方支持和民间沟通渠道补充下,中国外派体育教练员的人数不断增加,来华接受援助培训的方式不断丰富。教育部、国家体育总局等政府机构和有关部门,为贫困国家留学生和来华受训的各种体育人才,提供高额奖学金和宽松的训练环境。[2]有的留学生在中国拿到高学历后回国任教,有的来华受训队员为所在国取得了辉煌的比赛成绩,有的在华接受培训的官员担任受援国重要职位,甚至有的来华留学的受援国学生,被中国的文化和生活深深地吸引,留在中国工作并成家立业。当下,中国体育事业稳步发展,中国体育产业发展正处于转型升级之中,中国民族体育品牌已覆盖世界各地,深入外国民众的生活。同时,中国政府积极利用现有资源和优势,为受援国全面提供合作平台以接受来华培训,推动体育援助形成以多带少的积极态势。

4.9.3.2　南南合作与南北合作相结合

一方面,中国政府十分关注发展中国家的体育事业建设,非常重视南南合作的

---

[1] 曾紫风:《相知无远近 万里尚为邻》,《中国出版传媒商报》2018年4月20日。

[2] 韩志刚、董杰:《中国政府奖学金来华留学生预科教育的定位和定性》,《国际汉语教学研究》2016年第3期。

深入与提升。以周边的越南、蒙古等亚洲国家为开端,逐渐向广大的非洲及拉丁美洲延展,有效推动了全球经济欠发达地区体育事业的提升。基于援助方与受援方双边关系的良性发展,中国政府在改革开放带动下,积极搭建与发达国家的交流平台,为中外沟通搭建起团结友爱之桥。针对经济发达国家的体育对外援助,中华民族要侧重于软件类型的人文交流,积极宣传中国政府的内政与外交,全面推动中华民族优秀传统文化的传播和交流。①另一方面,发达国家的科学与技术相对领先,在体育对外援助方面的全面合作,可以有力带动中国体育事业发展。因此,中国在坚定夯实南南合作的基础上,不断加大南北合作力度,全面参与全球体育技术合作。国家汉办于2004年成立的孔子学院,遍布世界各地主要城市的知名院校,目标是在海外建立汉语传播和文化交流平台。截止到2019年6月,全球一共有155个国家和地区设立了539所孔子学院和1129个孔子课堂。其中,欧洲43个国家有孔子学院184所、孔子课堂322个,有接近30%的课堂开设了武术课程,由援外志愿者传授太极功夫扇等项目,深受西方国家青少年的喜爱。②

处于南部的发展中国家,人口数量众多且地域分布广泛,可以为发达国家提供具有包容性的消费市场。位于北部的发达国家,科学技术领先且信息技术成熟,拥有推动社会进步的工业产品和前沿理念,能够引领和带动广大发展中国家的改革与创新。因此,南南合作与南北合作交叉推进,既能够推动体育技术手段的创新,也能够促成体育产业的转型升级。③孟加拉国地处南亚次大陆,成为主权独立国家的过程艰辛而复杂,是人口密度最高和经济最不发达国家之一。中国政府十分重视双边友好发展,于1975年10月便与其正式建立外交关系,通过体育对外援助加深了两国民众之间的了解。2009年12月,国家体育总局派出天津体育学院的专家,针对孟加拉国主办南亚运动会进行援助,专门指导开幕式的团体操表演等大型节目。④2017年7月,来自西安体育学院和武汉体育学院的两位武术教师,收到孟加拉国武术协会的援助邀请,帮助其武术队员在两年后的南亚运动会上力争获得更多的奖牌和更高的荣誉。2018年2月,中国政府推出的"南南合作援助基金"在孟加拉国落地,为其灾后重建工作提供支援,帮助这个好邻居和好伙伴建设美好家园。

当下,中国政府积极推动深化改革和全面开放,向世界人民敞开了友好的大

---

① 冯丽君:《打造全媒体平台,传播中华优秀传统文化》,《文教资料》2018年第24期。
② 郑杰:《孔子学院武术课程设置研究》,太原:中北大学,硕士学位论文,2011年,第24页。
③ 高静:《美洲经济一体化中的南南合作和南北合作——从理论到实践》,《拉丁美洲研究》2008年第3期。
④ 姚儒兴、程传银:《中国与南亚国家体育合作与交流研究》,《体育文化导刊》2018年第3期。

门,通过体育对外援助的友谊之桥,搭建南南合作与南北合作平台。

4.9.3.3 长期援助与短期援助相结合

在时间周期上,中国体育对外援助表现为长期援助与短期援助相结合。如派遣体育技术人员,既有优秀教练员长年带领外国运动队,也有体育专家短期出国进行指导或举办讲座。改革开放以来,高层次人才国际互动的横向联络跨越全球,软件类型体育资源的传播和共享有所加快,短期对外援助的人数增加、频率加快,大型团体操教练出国指导成为新亮点。相对而言,体育援外教练员在国外的工作期限为1年,但实际上获得聘任的时间相对较长,特别是屡获佳绩的功勋体育教练员,在受援国要求下,聘期会一再延长。黄健教练执教约旦国家体操队,援外工作时间从1年增加到6年,被当地民众赞誉为"体操之父"[1];苏师尧教练在科威特组建国家体操队,不断续约且辛苦工作了十余个春秋,搭建起从理论到实践的完备体系[2];姚木荣担任泰国跳水队主教练,承担体育对外援助实践时间长达14年,成为最受民众欢迎的民间体育大使。马进教练在2003年随团前往墨西哥,长年工作在体育援外的前沿阵地,从业余选手培养到专业队伍建设,不遗余力。她为墨西哥培养出本国史上第一位跳水项目世界冠军,荣获墨西哥总统亲自颁发的最高荣誉奖章。这些体育援外教练员的工作条件十分艰辛,开始时接触的都是一些源于个人兴趣而加入培训的青少年,没有经过任何的理论知识熏陶与专业体系训练。此外,教练们还面临着体育器材短缺和不足等困难。他们任劳任怨,全身心投入,充分发挥出自己的专业优势,逐渐改善硬件类型和软件类型的内外部条件,从无到有地搭建起各级别体育专业化队伍,推动了受援国体育事业发展,在枝繁叶茂的人文交流中结出丰硕成果。

为了配合国家外交战略的布局与实施,全面满足受援国政府和群众的不同需求,中国政府于2002年启动"青年志愿者海外服务计划"。通过公开发布信息和自愿申请选拔的方式,团中央联合青年志愿者协会的各级部门,选派青年人才远赴亚非拉受援国地区,提供6~24个月的体育对外援助服务。上海体育学院的孙伟是一位篮球教师,在2017年4月作为该校第6位志愿者,前往老挝进行篮球项目的训练指导。篮球运动在老挝青少年人群中很受欢迎,但受到当地综合实力的诸多限制,仍处于业余水平的普及推广状态。孙伟教练初期担任老挝青年队和万象省队的指导,由于勤恳的工作态度和出色的成绩,受援国篮球协会决定聘请他担任国家男队

---

① 刘鹏:《春华秋实五十载　五洲遍开友谊花》,《中国体育报》2007年9月27日。
② 国家体育总局:《改革开放30年的中国体育》,北京:人民体育出版社,2008年,第326页。

教练。孙伟教练克服了硬件训练设施缺乏的困难，因地制宜，并积极采用传统训练方法，灵活运用中医按摩与治疗恢复等手段，同时，自掏腰包为运动员补充营养。在东南亚运动会上，孙伟教练带队的老挝队战胜了缅甸国家队，实现了老挝男篮首次进入前8名的历史性突破。国之交在于民相亲，民相亲在于心相通。体育对外援助，不论时间长短，都代表着中华民族倾心相助的仁爱之心。

4.9.3.4　大型援助与小型援助相结合

中国政府用实际行动来承担国际责任，将大型援助与小型援助相结合，支持发展中国家体育事业的进步。考虑到受援国在建筑与施工等方面技术落后，中国政府对援建体育场馆设施这类大型工程项目，采取了包揽一切的"交钥匙"方式，全面提供体育物资产品、高级援外专家、人力资源培训、后期服务指导等援助。[①]中国政府充分利用体育系统的专业优势，横向联络相关部门，纵向调配体育资源，将受援国急需的体育物资倾情传送，为大型体育工程项目发挥了完备的辅助作用。外交工作强调"见人见物"，这在体育对外援助中有着具体的呈现。大型体育援助是树碑工程，能够让受援国民众见物思人，也能够向国际社会展示中华民族的无私奉献精神。直至今日，这些具有受援国文化特征和地域特色的大型项目，分布在亚非拉的不同城市，见证着中国的国际担当，讲述着中国体育专家真诚友好的援外故事。

21世纪以来，太平洋及印度洋上的一些小岛国，逐渐认识到中国在世界舞台上的重要作用，纷纷邀请中国优秀的体育教练前去执教。中国派往这些岛国的体育援外教练员数量相对较少，但是他们发挥的外交作用却是无法估量的。2002年8月，根据中国与瓦努阿图签订的体育交流合作项目，来自成都的乒乓球教练员刘民忠，被派往瓦努阿图担任国家队总教练。[②]一心一意干事业的刘指导，很快投入高效率的援外工作中，他放弃了节假日的个人休息时间，带领队员们进行高强度训练，指导成绩突出队员在关键问题上寻求突破。辛苦训练和努力付出很快有了收获，在刘民忠指导开展体育对外援助一年之后，队员们在大洋杯乒乓球锦标赛上传来喜讯——荣获女子团体金牌和男子团体银牌，为瓦努阿图赢得体育运动历史上首枚金牌。刘民忠指导就此成为该国最受欢迎的教练员，成为举国上下家喻户晓的明星教练，甚至连出租车司机都不收他的车费。在庆功宴上，瓦努阿图总统亲切接见了他，并颁发"奥委会勋章"，同时邀请他加入本国国籍。2004年11月3日，瓦努阿图时任总理沃霍尔以私人名义访问台湾，擅自与台湾签署建交公报。刘民忠

① 李伟：《新中国对外经济技术援助政策的演进及评析》，《党史研究与教学》2010年第2期。

② 马忠：《一个成都教练的海外功夫》，《四川日报》2005年2月18日。

充分利用工作优势与高层官员沟通,上演了一场特别的"乒乓外交",有效遏制了"台独"势力蔓延和国际负面影响。国际奥委会关注着瓦努阿图的快速进步,有鉴于近年来其在乒乓球项目上的提升,确定了每年拨付专款推动其有序开展。①大型援助与小型援助的全面配合,拉近了中国人民与世界人民的距离,拓展了援助双方的战略伙伴关系,成为中外互利合作的亮点及体育交流的典范。

4.9.3.5 政府援助与非政府援助相结合

中国体育对外援助是由政府启动实施的,代表着中国政府和中国人民的心声。外交部门在收到受援国发来的请求后,会根据不同需求进行横向与纵向的协调,对口执行体育援外资源的协调、配置与输送。在"海外兵团"出现以前,中国外派的体育援助教练员,都是体育行政部门精挑细选的精英,经过全面的文化和语言培训后去往援助国,彰显了鲜明的国家特色和官方色彩。随着出国审批制度的放宽,很多曾执行援外任务的教练自行联系出国任教,也有通过移民、留学等方式的优秀运动员,代表他国登上国际体育舞台并参与重要赛事,开辟了民间体育援外的新渠道。

中华人民共和国从成立之日起,就积极与建立外交关系的友好国家全面展开交流与沟通。同时,对尚未建立外交关系甚至敌视新中国的国家,中国政府积极通过民间渠道促进民众之间的交往与互动。20世纪70年代初期的中美"乒乓外交",就是中日友好协会和双方乒乓球组织完全基于民间渠道努力而取得的巨大成绩,不但为中美两国的接触与和解提供了舞台,也间接促进了中日邦交关系的正常化。当前,中国体育对外援助受到重视并不断发展,已经形成了多样化的对外援助形式。例如,体育援外志愿者深入受援国基层,同受援国民众一起生活,展示了中国青年崭新的精神面貌。又如,2018年4月底,来自乌拉圭的13位乒乓球运动员在湖南体育职业学院接受完援助训练,带着先进理念和技术满载而归。②中国体育对外援助在异国他乡落地生根,国外友人则满怀热情来华接受援助指导,政府援助与非政府援助的有机结合,有力推动了中外友好关系的深入发展。

4.10 从合作到共赢:中国体育对外援助运行机制的优化

当前,为了有效推进中国对外援助的良性运行,国家国际发展合作署于2018年11月12日公开发布《对外援助管理办法(征求意见稿)》的通知,旨在提升对外援

---

① 《海外执教回忆深 刘民忠为国效力不辱使命》,《中国体育报》2017年1月18日。
② 《乒乓球运动对外援助传播中国"国球文化"》,《中国体育报》2018年5月11日。

助运行机制的科学性。实践证明,体育对外援助是一个不断摸索并逐步优化的过程(见图4-13)。其中,改革的重点环节是政府实现简政放权,制度的基础保障是早日推进依法治国,运行的终极目标是达成援助双方的合作共赢。

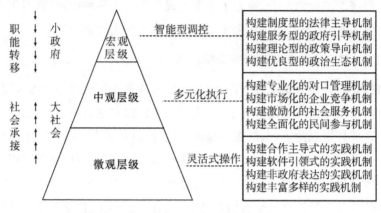

图4-13　中国体育对外援助运行机制的优化

4.10.1　中国体育对外援助宏观调控机制的优化

4.10.1.1　构建制度型的法律主导机制

法律是规范国家管理以维护人民利益的稳定器,也是促进各项事业蓬勃发展的推动器。"依法治国、有法可循"是中国共产党治国理政的基础,也是社会主义制度公平、公正、民主的体现,更是中华民族早日实现伟大复兴的保障。[1]2018年3月,中共中央印发《深化党和国家机构改革方案》,强调"全面依法治国是中国特色社会主义的本质要求和重要保障"。外交无小事,关乎国家的前途和命运。中国体育对外援助投入的资金来源于国家税收,涉及国内经济建设投入与国际社会形象传播,与国家内政建设和外交工作紧密相关,不应该成为一种随意的、无保障的行为,需要在成熟的制度框架下稳步推进。"不谋全局者,不足以谋一域。"中国政府要从全局的视域、宏观的视野、发展的视角出发,早日制定与时俱进的法律法规来保障和规范体育对外援助,真正融入国际援助体系,寻找更多的合作机遇。例如,在《对外援助管理办法(试行)》中,补充规定有偿对外援助的合作标准、无偿对外援助在整体结构中所占比例、针对发达国家与发展中国家的体育援助具体占比等量化数字,使体育对外援助有法可依,呈现出绿色和透明的显著特点,有效推动中国

---

① 中共中央文献研究室:《全面依法治国,开启中国法治新时代》,《人民日报》2015年5月5日。

与国际社会的沟通交流。

4.10.1.2　构建服务型的政府引导机制

智能是智慧和能力的总称,是政府现代化综合实力的多元体现。智能化引导犹如人体大脑一样,拥有处理各种复杂信息的高级识别系统,又如快速计算和运转的超级电脑,兼具人类无法替代的智慧和机器无法超越的速度,将情感分辨与智力研判完美地结合起来;同时,能够在顶层设计与宏观层面上,将相关的庞大数据及各方因素结合起来快速处理,极具针对性地调动体育对外援助多元主体,准确合理地调配各个领域的体育对外援助资源。

当前,中国体育对外援助在宏观运行中,已经形成了政府机构全面合作的局势,各部门具体分工且协调配合的态势,各领域链接有序而动态规范的优势,具备了向智能服务政府转型的发展趋势。①政府构建智能服务型的引导机制,应突出表现在宏观调控能力的智能化上,在机构层级网络化、大数据信息现代化、物联网供应多样化等完整系统支持下,能动地满足受援国的各种体育援助需求。2018年3月21日,中共中央印发《深化党和国家机构改革方案》,在直属机构中组建国家国际发展合作署,将商务部、外交部等涉及对外援助的有关职责进行整合,预示着新一轮的政府机构改革拉开了帷幕。②将外交部和商务部的相关机构合并,就是要明确国家国际发展合作署的重要职能,充分调动举国体制的行政优势和独有特色,集中各系统力量,引导体育对外援助向数字化、网络化、信息化的高配置升级。

4.10.1.3　构建理论型的政策导向机制

中国共产党领导下的人民政府,在摸索中沿着特色社会主义道路前行,在实践中不断积累体育对外援助的宝贵经验,在运行中逐渐架构起成熟的运行机制和理论体系。例如,中国政府于2006年1月颁布《中国对非洲政策文件》,旨在明确中国对非洲援助的目标和措施,推动南南合作向着互利共赢方向深入开展,加强中非体育技术人员的文化交流。以相关法律为主导的制度化保障,能够为体育对外援助夯实长期稳定运行的根基。而以相关政策为导向的宏观指引,能够为体育对外援助奠定科学运行的理论基础。

---

① 焦瑞进:《政府信息联网开启智能国家治理新篇章》,《第一财经日报》2019年7月4日。
② 黄振威:《深化党和国家机构改革是一场深刻的变革》,《解放军报》2018年3月30日。

4.10.1.4　构建优良型的政治生态机制

体育对外援助在学理上归属于政治学范畴,因此涉及各方面的政治因素,特别是在冷战时期,体育对外援助凸显出浓厚的意识形态色彩,完全被片面视为拉拢盟友的外交工具。今天,各国早已摒弃零和博弈的丛林法则,转向追求跨国家、跨地域的横向合作与共同发展,携手推动全球经济的发展与繁荣。由此,体育对外援助的意识形态色彩逐渐淡化,同国家的对外贸易、对外经济技术合作相伴而行。中国体育对外援助的政治生态,是政治现状及发展情况的真实反映。优良的政治生态如同润滑剂,可以有效促进组织的高速运行。中国体育对外援助要构建科学稳定的运行机制,就要营造一个优良的政治生态传导机制,处理好政府机构各部门之间、政府与企业单位及社会组织之间、国内经济建设与国家外交工作之间的关系,推动有关政治因素的均衡发展和良性互动。

随着和平与发展成为时代进步的主题,各国各民族都早已认识到,世界人民生活在同一个命运共同体中,人类命运息息相关且无法分割。因此,体育对外援助必须淡化政治色彩,避免过多内外部政治因素的影响和干扰。未来,在一个优良型的政治生态环境中,体育对外援助将会充分履行独特的外交使命,有效摒弃冷战思维的惯性延续和现实干扰,为新时代中外民众互动交流构筑友谊之桥。

4.10.2　中国体育对外援助中观执行机制的优化

4.10.2.1　构建专业化的对口管理机制

国家体育总局的前身是体育运动委员会,是国家管理体育事业的专业性机构,经过多年的改革与调整,形成了比较完整的内部系统和组织结构,培养了很多勤奋努力、素质过硬的体育外事人员,陪伴中国体育对外援助走过了几十年。在体育对外援助运行中,国家体育总局由于是国务院的直属机构,容易引来受援国的猜疑和国际社会的戒备,导致体育对外援助的效果大打折扣。党的十八大以来,国家十分重视公共外交的开展与落实,致力于淡化外交工作中的政治色彩,希望政府部门在执行中准确定位"管"与"办"的角色。在宏观层级的运行中,政府需要构建智能服务型的顶层引导机制,实现简政放权,达成多元主体执行援外任务的重心下移,提升非政府力量承担体育对外援助重任的能力。所以,在中观执行层面,应厘清管理与执行的职能边界,明确国家体育总局作为专业性的对口管理部门,对企业单位、社会组织、民间资本等进行指导与监督,让更多的非政府力量成为体育对外援助的主体,有效实现公共外交的全面开展和扎实推进。

目前,国家体育总局对口负责政府的具体工作,协调内部系统全面管理体育对外援助,形成了独有的体系特色和专业优势。但是,系统中的结构问题和运行弊端依然严峻,工作重叠、体系封闭、责权不清等现象比较突出,造成中华全国体育总会的社会职能弱化,中国奥委会的民间发展和层级拓展受到限制。国务院将运行对外援助的相关机构整合,目的是减少机构与部门间不必要的损耗,像拳头一样形成强大的运行合力,构建快速反应、灵活机动的宏观智能引导机制。在此方针指引下,中观层级发挥承上启下的作用至关重要。体育总局对外联络司中设置的国际交流处,主要工作职责是"统筹协调向发展中国家提供体育援助工作并监督实施",已经明确提出了这种承上启下的管理和监督责任。重要的环节是,各运动项目管理中心要放开对体育协会的垄断式管理,剥离二者相互重叠的组织结构和职权,引领体育协会在体育社会化发展中发挥龙头作用。随着体育对外援助的快速发展,还应成立专门的体育对外援助办公室,像国家体委时期的援外办公室那样,汇聚系统内部经验丰富的体育援外专家,成为管理中国体育对外援助的核心部门。

4.10.2.2　构建市场化的企业竞争机制

在体育对外援助运行的起步阶段,一些国有大型企业直接或间接参与其中,按照政府指令积极落实国家外交工作任务。在计划经济环境下,中国政府充分发挥举国体制的强大优势,集中全国范围内各行业的优秀企业,为发展中国家及时供应优质的体育资源。市场经济制度确立后,一些股份制公司和私营企业加入体育对外援助,其中较为知名的当数中国体育国际经济技术合作有限公司,其拥有体育援外建设"国家队"的美誉和称号。[1]在中体国际的对外业务中,执行国家体育对外援助任务是其主要经营范围,由其承建的各类体育场馆设施遍布世界各地,深受发展中国家和当地民众的热烈欢迎,并得到国际奥委会及其官员的高度赞扬。[2]当下,国家大力推动企业走出国门,在海外积极寻求发展与壮大的机会,有效对接国内市场与国际市场。同时,企业自身也十分希望借助于政府提供的平台,通过体育对外援助这一路径进入国际主流市场并参与国际分工。因此,要构建市场化的企业竞争机制,让民族体育品牌公平、公正、公开地参与到体育对外援助运行中,走进国际社会及各国民众的日常生活。目前,执行体育对外援助任务的企业相对有限,其中大多数企业的前身是市场经济体制下成立的国有企业。因此,应在宏观层级加大

---

① 俞大伟:《中国体育对外援助主体的发展策略研究》,《体育文化导刊》2016年第12期。
② 王莉:《我国体育企业资本扩张模式研究》,武汉:武汉理工大学,硕士学位论文,2012年,第192页。

引导力度,吸引优质企业、新兴企业加入,成熟的企业所提供的体育资源有质量保证,知名的企业所提供的产品孕育着浓厚的文化内涵,极具竞争力的多元企业会给国际援助体系注入活力,为国内外两个市场的融合树立标杆。

市场性与竞争性是相辅相成和互助互利的,市场性的机制会遵循供给与需求的客观条件,竞争性的机制会避免良性与恶性的相互制约。构建市场性的企业竞争机制,就是要以现实的各种影响因素为依据,为国内企业营造良性竞争的发展环境,提供更多的合作平台。当企业依托体育对外援助平台走出去后,要经过受援国及其民众的审视与评价,还要经受外国同行企业的冲击和影响。可见,中国企业在执行体育对外援助过程中,要受到市场的双重考验和多方面竞争的历练,才能在全球化发展的大舞台上站稳脚跟。所以,要为受援国提供物美价廉的高端体育产品,这种竞争机制的构建一定是十分必要的,也是中观层级必不可少的内容。传统体育援外企业依靠政府的"铁饭碗",在市场运行中体现出相对垄断的特点,长此以往会抑制企业自身的良性发展。然而,新型援外机制遵循市场运行的客观规律,企业能够将面临的压力很好地转换为动力,在运行体育对外援助过程中促进自身的转型升级和改革创新。因此,企业会在竞争中成熟,也会在竞争中提升,更会在竞争中壮大。当前,一些企业通过招投标的公开方式,已经成为体育对外援助领域中的新星,山西澳瑞特健康产业股份有限公司提供了质量上乘的体育器材装备,盛世中体公司已经成为蒙古国体育产业的合作伙伴。中国制造的体育产品出现在国际赛场上,融入发展中国家的体育文化中,产生了巨大影响。

4.10.2.3　构建激励化的社会服务机制

改革开放前,中国社会组织发展受到国内环境的制约,工会、共青团等高度行政化的社会团体较多,在专业类型与组织形式上表现相对单一,体育社会组织并未发挥出应有作用。在改革开放政策的刺激下,体育类社会组织的数量急剧增加,呈现出多元化的发展趋势。社会组织积极参与国家体育对外援助服务,能够增强援助双方的文化认同和政治互信,推动体育对外援助合作的可持续发展。

为了有效配合国家外交工作,商务部联合团中央等有关部门,于2002年开启了"中国青年志愿者海外服务计划",通过向社会公开招募、择优选拔、全面培训等方式,定期对外派出中国优秀的青年志愿人员,为贫穷落后的国家和地区提供援外服务。这种来自于中国社会且服务于国际社会的模式,为社会组织服务于国家体育对外援助事业树立了榜样。目前,在体育领域派出的援外志愿者,从总体数量和规模上来看还相对有限,在国外的实际工作中,这些有志青年大多深入经济落后地区,不仅生活水平较低,甚至面临着战乱的危险和疾病困扰。因此,政府有关部门要在派出前、支援中、任务后等不同阶段,全面提供各种有利条件,作出必要保障,为这些刚青年解决后顾之忧。

当下,中华全国体育总会与中国奥委会这两个重要的体育协会,应逐步摆脱行政依赖,真正发挥引领作用。同时,政府要避免行政手段捆绑,应基于社会组织的非营利性特点,增加对国家级体育协会的激励,让其积极调动各级分会的力量,形成由国家到地方的全方位网络覆盖,作为承担体育对外援助任务的中坚力量。

4.10.2.4　构建全面化的民间参与机制

“海外兵团”是民间领域非常重要的体育援外力量,由于其特殊性和深远的国际影响,受到了国内外政府、民众及媒体的广泛关注,已经成为中国体育对外援助不可或缺的内容。中国政府依托各种渠道派出的体育援外专家,在规模上已经十分庞大。在体育援外任务终止时,有些教练员会收到受援国的私下邀请,受援国提供具有吸引力的高额薪水,教练员则以个人身份担任某些俱乐部的高级指导。一些功勋卓著的体育对外援助教练员,同受援国政府高官和人民群众保持着友好关系,在受援国具有极其强大的政治影响力,能够为中国与受援国双边关系的维护,发挥其他外交形式所无法取代的巨大作用。

来自于民间的体育对外援助,形式多样,有个人自发性参与的体育志愿者服务,有通过资金与物品进行的无偿体育捐赠,等等。从人员流通渠道上看,有的个体是通过体育协会等社会组织派出的,有的志愿者是通过紧急人道主义援助计划而外派,还有的体育教练员是基于市场需求自由前往援助国。从总体上分析,这些个体都具有鲜明的草根特性[①],是中国人民与外国人民之间的友好接洽,成为民众互动和文化交流的重要体育实践,能够促进国家公共外交的具体落实。[②]

4.10.3　中国体育对外援助微观操作机制的优化

4.10.3.1　构建合作主导式的实践机制

体育对外援助合作体现了资源的双向流动,正是平等互利原则的具体表达。合作方式是体育对外援助的一种基本方式,也是体育对外援助运行的一种常见手段。在软件类型中,针对体育技术人员外派和体育人力资源培训等内容,应该持续

---

① 李德芳:《体育外交:公共外交的“草根战略”》,《国际论坛》2008年第6期。
② 陈刚:《基于“一带一路”的体育公共外交研究》,《公共外交季刊》2017年第2期。

增加对发达国家的重点援助,通过体育对外援助合作方式创造更多的外汇收入,实现体育资金与技术人员的双向流动。同时,还要积极创造各种机会并搭建多种平台,吸引国外体育人员特别是青少年后备人才来华,合理安排训练的时间、次数和周期。在硬件类型中,针对体育场馆设施援建和体育器材装备援送等内容,一定要灵活运用各种优惠的对外贷款形式,依托中国进出口银行、亚洲基础设施投资银行等平台,加快亚非拉等国家的体育基础设施建设,促进发展中国家体育公共服务的完善。2008年北京奥运会的成功举办,将具有独特文化元素的"鸟巢""水立方"等大型体育场馆设施呈现在世人面前,让国际社会为这些高端的"中国制造"而惊叹。[①]因此,中国建筑企业要充分发挥自身的优势和特长,主动与奥委会、联合国等国际组织扩大体育合作,积极承建并全面参与到国际援助体系之中。需要注意的是,针对遇到突发性自然灾害的一些国家,或是贫穷落后的最不发达国家,无偿体育对外援助应发挥重要作用。

4.10.3.2　构建软件引领式的实践机制

依据属性,中国体育对外援助可分为硬件类型与软件类型,硬件类型是体育对外援助的骨架和体育事业发展的基础,软件类型是体育对外援助的内核与体育事业发展的关键。当前,国家十分重视软实力,力求增加民族文化的吸引力与国际影响力,为国际社会提供可资借鉴的中华智慧和中国方案,旨在重新建立公平与公正的国际政治经济新秩序,实现全球化的协同治理。软件类型的体育对外援助形式多样,涉及体育项目推广、体育文化传播、体育技术共享等方面。因此,应该构建软件类型引领的体育对外援助运行机制,在完善受援国体育公共服务设施的基础上,全面加强体育管理人才、体育技术人才的培养,推动体育产业发展,引领体育对外援助形式的深入开发与转型升级,进而增强中国与受援国的人文交流和政治互信。

软件类型体育对外援助的实质,是中国将成熟、领先的技术无私奉献给世界。在具体实践中,中国既可以利用自身的体育产业优势,在国内定期对受援国官员进行体育培训,也可以积极派出体育援外专家前往发展中国家,为亚非拉地区的体育人才提供指导。软件类型的体育对外援助关乎国家的软实力,因此,体育对外援助在充分发挥硬件类型体育资源的基础保障作用的同时,要重点激发软件类型体育资源的引领作用,达成中外文化互通、价值观念认同、国家形象提升等正面效应。

---

① 郑建玲:《五环旗下聚焦另一种辉煌》,《中国质量报》2008年8月21日。

4.10.3.3 构建非政府表达式的实践机制

在体育对外援助工作中,政府扮演着管理者、协调者与执行者等多重角色,虽然企业单位、社会力量等主体逐渐加入体育对外援助运行中,但是在整体规模及影响上还相对有限。发达国家是国际援助体系中的主角,非常重视公共外交的扩散影响和联动效应,致力于推动非官方力量的全面参与,以非政府实践渠道来表达国家的外交意愿,在淡化体育对外援助的政治因素和意识形态过程中,促进其民主与人权等价值观念的有效对外传播。政府购买非政府组织的公共服务,是社会发展的主要趋势。2013 年 9 月 26 日,国务院办公厅印发《关于政府向社会力量购买服务的指导意见》,强调充分认识政府向社会力量购买服务的重要性,正确把握政府向社会力量购买服务的总体方向,规范有序开展政府向社会力量购买服务工作。体育对外援助涉及大量的体育物资和技术人员,中华民族本着有求必应的国际主义精神,始终由政府在全力承担着这部分财政支出。外交无小事,援助见真情。面对不断扩大的体育援外需求,政府应主要发挥宏观调控作用,积极推动多元化的非政府力量参与共建。

体育对外援助的非政府力量,是开展公共外交的重要媒介。目前,中体国际公司、盛世中体公司、澳瑞特股份公司等,已经成为体育对外援助的政府合作伙伴,为国内其他企业做了表率。中华全国体育总会、中国奥委会等体育组织,在援助体育器材装备和援派体育科研专家等方面,为其他社会组织提供了可资借鉴的实践经验。退役援外教练员、青年志愿者协会等,在体育人才的对外流动和外派体育志愿服务等方面,为民间力量参与对外援助做了示范。实践是检验真理的唯一标准,体育对外援助经过几十年曲折运行,逐步提炼出以上形式,为中国政府的善意表达和友爱传递搭建了绿色通道。中国扶贫基金会执行副理事长王行最认为:"在政府倡导'一带一路'策略的大背景下,中国民间组织走出去是符合人道主义精神和国家发展利益的,是正确的。"未来,在构建专业化的非政府援助体系基础之上,应促进更多具有奉献精神的爱心企业、跨国组织及知名人士,加入完善的系统和组织管理程序之中,全面参与体育对外援助。同时,还要有效协调个人援赠行为,增加体育对外援助工作的透明度,科学构建非政府表达式的实践机制。

4.10.3.4 构建丰富多样的实践机制

目前,在硬件类型的体育对外援助形式中,主要包含援建体育场馆设施和援送体育器材装备等实践。这些体育援外场馆设施,基本上都是地标式的综合性体育工程,投入经费高、耗时长、动用人力多,因此,只能遵循量力而行的原则。这些具有受援国文化特色的大型体育项目,在国家和地区举行重大比赛及会议时比较适用,日常使用率很低,并且在维护和管理上需要一笔不小的费用。所以,应充分结合受援国的国情,将大型工程与小型项目有机结合,为受援国民众提供可以长期使用的体育健身场所。发展中国家集中在亚洲、非洲、拉丁美洲、大洋洲等,大部分国家的气候比较炎热,很多地方成为世界著名的旅游度假胜地,非常适宜开展形式多样的户外运动。因此,中国政府可以利用体育产业的技术优势,通过模块化设计和拼接式搭建的新思路,本着易拆装组合、轻维护费用、少投入成本、短时期完工等方针,为发展中国家重点援助实用性较强的各类中小型便利性健身场所。

当前,中国外交战略形成了"周边国家是首要、大国是关键、发展中国家是基础、多边是舞台"的整体布局,体育对外援助实践需要抓住关键,深化改革并推陈出新。例如,充分运用体育对外援助合作方式,发挥中国在乒乓球、跳水、羽毛球等项目上的技术优势,大范围派出优秀的体育援外教练人员,并积极邀请西方国家的青少年来中国受训,为发达国家弱势运动项目的提升提供友情支援。

4.11 从合作到共赢:中国体育对外援助运行机制的展望

4.11.1 宏观层面将实现稳定与科学运行

(1)稳定运行。"稳定是头等大事,稳定才能促进发展。"坚持中国共产党领导的政府工作,是推动体育对外援助稳定运行的基础。中国共产党是无产阶级的先锋队,代表着广大人民群众的根本利益,心系国家发展与百姓的健康生活,更加关切世界民众和国际体育事业。体育对外援助是外交工作的重要抓手,需要保持长期稳定的良好运行趋势,逐渐深化中国与受援方的双边合作关系,才能有效加深彼此间的了解与信任。

(2)科学运行。"理论指引科学运行方向,政策调节科学运行环节。"当前,一些经济发达地区的西方国家领导人,仍然崇尚现实主义学派的国际关系理论,完全不顾新时代的正义国际舆论和他国感受,违背人类历史发展规律,单方面宣传及错误坚持"本国优先"的主张,以拖欠国际组织会费、不履行承担国际责任、单方面退出国际组织等行径,公然挑战公平与公正的国际政治经济新秩序,这是一种逆全球化发展的错误思想和倒退行为。中国政府顺应时代潮流前行,追求和平发展与合作共赢,引领体育对外援助走上科学运行的正轨,为特色大国外交呈现独具魅力的绿色名片。

4.11.2 中观层面将实现高效与全面运行

(1)高效运行。"专业化分工能达成对口管理,专业化执行可促成高效运行。"当前,体育总局是管理体育事业发展的专业机构,在直属部门对外联络司的统筹安排下,调动人力资源开发中心与各运动项目管理中心,进行横向的沟通交流及体育资源共享,专业化执行国家体育对外援助的任务。在多次政府机构改革中,国家体育总局的规模和人数虽在持续缩减,却始终保持专业化发展的核心竞争优势,对体育对外援助运行实施高效率的管理。在新时期,动员社会力量参与体育对外援助成为重点,这更加凸显了构建专业化对口管理机制的可行性和必要性。当前,国家体育总局致力于探寻符合新时代特点的良好治理方案,加快简政放权步伐,积极为非政府主体参与国家外交工作提供具有激励性的宏观政策支持,为非政府力量执行体育对外援助任务搭建良性竞争的广阔合作平台和良好机遇。国务院全新成立的国家国际发展合作署,已经明确了主管对外援助的全权职责,正在按照计划构建不同援外主体齐头并进、横纵交织的工作格局。未来,多元主体的广泛参与将成为主要趋势,会在合作共赢目标的指引下大力促进中国体育对外援助高质量运行。

(2)全面运行。"多主体执行减轻国家负担,多领域参与促进全面运行。"在体育对外援助中,政府机构的主导作用日益弱化,服务意识逐渐凸显,并积极为非政府主体的发展壮大提供平台。非政府主体在逐渐成熟的过程中,非常需要获得政府机构的政策支持,渴望通过承接官方的体育对外援助项目,更多参与国际经贸合作。当下,中国体育产业发展受到了政府政策的大力扶持,国家体育总局对相关体育领域进行重点投入,一些企业单位、社会组织和民间团体陆续加入这个庞大的"蓄水池"中,体育产业资金呈几何级数增长。未来,国家会力促体育对外援助运行主体的持续扩大,在国家体育总局各级系统的专业化管理下,非政府主体将全面参与体育对外援助运行,促进政治、经济和文化等各领域实现共赢。

4.11.3 微观层面将实现透明与创新运行

(1)透明运行。"透明运行表达出一种态度,展现出中国和平发展的决心。"外交工作关乎国家和民族的切身利益,中国政府十分重视与国际社会的交流合作,以真诚友好的体育对外援助运行实践,拉近了中华民族与世界各民族的距离,促进了中国传统文化的对外传播与国际融合,向世界各国人民展现了和平发展的决心。经过60多年的工作积淀和实践积累,中国政府逐渐重视体育对外援助宣传,中国政府定期发布对外援助白皮书,以真实数据呈现中国体育对外援助运行机制。同时,援助建设体育场馆设施的如期竣工,无偿赠送体育器材装备的及时交付使用,援助派出体育教练人员的任劳任怨指导,经常出现在国内外新闻媒体的公开报道中,向国外民众讲述中国体育对外援助的动人故事。中国政府十分重视受援国的实际需要,关注项目的实施过程和细节,以非常透明的实际行动回馈国际社会。通过中国政府的正面宣传和外国友人的口口相传,体育对外援助以各种各样的实践形式,呈现出完全透明的运行状态。增加体育对外援助运行的透明度,既可以有效遏制西方媒体的刻意抹黑,也可以消除部分国家的猜疑,有效达成中国与受援国的合作共赢。当前,国家国际发展合作署全权负责体育对外援助,通过招投标等公正公开的透明方式,为具备资质的企业提供国际援助机遇,向国内外民众全面公开援助运行过程,并在网站上及时发布相关援助信息。

(2)创新运行。"实践是检验真理的唯一标准,创新是引领发展的第一动力。"创新可以促进共赢,共赢需要不断创新。在体育对外援助的创新思路上,有偿合作的方式主导着实践运行方向,带动援助双方经济贸易合作的互惠互利,促进了受援国走上独立自主和自力更生的发展道路。在体育对外援助的创新路径中,非政府力量将继续扩充,民间组织和个体的广泛参与,既优化了体育对外援助运行机制,又扎实推进了公共外交。在体育对外援助的创新形式中,多种多样的物质资源和素质过硬的技术人员,在"走出去"与"请进来"的双向通道内,及时满足受援国民众的体育需求,提升了受援国民众的生活质量。有创新才有特色,有合作才有共赢。在未来发展中,中国体育对外援助会在合作共赢理念指引下,呈现出创新驱动的科学运行局面。

5.1　研究结论

第一，中国体育对外援助运行机制架构起成熟的体系。基于友好国家提出的客观需求，本着国际主义精神，中国政府及时向受援国提供无私帮扶，开启了体育对外援助运行。在履历中前行、在考验中成长、在发展中完善，相关管理部门与政策法规的适时调整，无偿与合作的援外方式因时因势切换，多元与灵活的援外实践日益丰富多彩，中国体育对外援助逐渐搭建起较为成熟的运行机制。

第二，中国体育对外援助运行机制贡献突出。中国体育对外援助运行历经了甲子之年，致力于实现援助双方的核心利益，为东西方交流与南北方合作提供了平台，受到了国际最权威体育组织的高度赞扬。重义轻利的大局观得到了国际社会的认同，仁者爱人的大理念促进了中华文化的传播，和平共处的大外交推动了中外民众的互动，体育援助的大胸怀优化了世界体育事业的格局，为中华民族的大一统提供了稳定推进的保障，为人类社会的大发展做出了无可替代的贡献。

第三，中国体育对外援助运行机制形成了网络化态势。依据系统论的层次分析法，中国体育对外援助可划分为宏观、中观、微观等层级，各个层级自成系统且担负着不同的任务。宏观层级侧重调节与控制，中观层级主要是执行与管理，微观层级涉及具体的操作与实践，层级内部进行着横向的沟通和联络，层级之间进行着纵向的协调与传导，形成了相对独立又协作运行的交织网络。

第四，中国体育对外援助运行机制已展现出独有特色。特色体育对外援助是特色大国外交的重要组成部分，也是中国主动承担大国责任的重要环节，更是推动世界和平发展的重要内容。体育对外援助把握大国特色、紧握中国特色、掌握体育特色,遵循市场经济的运行规律与对外援助原则,坚持发扬多年积淀的核心运行优势,积极搭建中外文化沟通的友谊之桥,贡献国际体育对外援助治理的新理念,呈现丰富多彩和灵活多样的体育实践,努力开创中国特色大国外交的新局面。

第五,中国体育对外援助运行机制能达成多领域共赢。政治、经济、文化等领域之间是相互关联且密不可分的,政治是核心利益,经济是基础保障,文化是动力源泉,形成了结伴而行且互为助力的共赢局面。而在文化领域,体育无疑是一张绿色名片。在中华民族文化精髓与优良传统的驱动下,中国政府坚定秉承平等互利的对外援助原则,全面落实国家大政方针,有效推动援助双方在多领域实现共赢。

第六,中国体育对外援助运行机制应实现结构的优化。中国体育对外援助运行层级分明,但整体结构呈倒三角形,政府参与过多,非政府主体的参与相对有限,应有序推动这一结构转变为正三角形,向"小政府、大社会"的简政放权目标迈进。国务院机构改革已列出具体的时间表,宏观调控体育对外援助运行的相关部门已经整合并归属国家国际发展合作署领导,以集中优势力量促进中国体育对外援助科学运行。

5.2　研究建议

第一,在运行方向上要侧重于有偿方式。要重点把握有偿合作的主导方向,在顶层设计上引领体育对外援助步入快速发展轨道,积极推动多元合作,达成中华民族与国际社会的共赢。

第二,在运行政策上要扩大与发达国家的合作。对发达国家的体育对外援助已初具规模,但缺少针对性的理论指导与政策指引,在特色大国外交理念的有效落实中,要坚持理论创新和政策创新,深化对发达国家体育援外合作的实践创新,实现中国与发达国家的优势互补,推动国际体育事业的均衡发展与整体进步。

第三,在执行层级中要加强非政府表达。在新一轮的政府机构改革中,政府部门将继续加大职能转变和权力转移,非政府主体要借此良机扩大国际发展合作,成为体育对外援助运行的主要力量。

第四,在运行实践中要重视体育援外创汇。援外创汇是体育对外援助合作的独有特点,是平等互利原则的理性表达与具体落实,能够为体育对外援助资金注入活力,持续加强财政资金蓄水池的储备能力,加快体育对外援助资金的国际流动速度。在坚持公益性和优惠性的原则下,中国政府完全遵循市场经济的发展规律,为体育产业促进经济增长搭建共赢平台。

第五，在运行法规上要增加援外透明度。完善的法律法规能够成为体育对外援助运行的稳定器，为长期运行提供保障。应该明确有偿对外援助的合作标准，无偿对外援助中针对不同国家的赠予比重，推动体育对外援助科学运行。

第六，在运行原则上要激发援外主动性。要打破传统思维方式，主动联系在体育事业发展方面与中国形成优势互补的国家，积极探索双方可持续发展的合作领域，搭建长期沟通交流的合作平台。

参考文献

著作

[1]2014ISSA 世界体育社会学大会组委会：《社会变革与体育社会学的挑战——2014年世界体育社会学大会论文集》，北京：北京体育大学出版社，2014年。

[2]John Franklin Copper, China's Foreign Aid: An Instrument of Peking's Foreign Policy, Lexington: Lexington Books, 1976.

[3]John White, The Politics of Foreign Aid, London: Bodley Heda, 1974.

[4]巴里·布赞、理查德·利特尔：《世界历史中的国际体系——国际关系研究的再构建》，北京：高等教育出版社，2004年。

[5]丹比萨·莫约：《援助的死亡》，北京：世界知识出版社，2010年。

[6]房维中：《中华人民共和国经济大事记(1949—1980)》，北京：中国社会科学出版社，1984年。

[7]国家体委：《中国体育年鉴(1949—1991)》(精华本上册)，北京：人民体育出版社，1993年。

[8]国家体委：《中国体育年鉴(1992—1993)》，北京：人民体育出版社，1998年。

[9]国家体委：《中国体育年鉴1982》，北京：人民体育出版社，1984年。

[10]国家体委：《中国体育年鉴1985》，北京：人民体育出版社，1987年。

[11]国家体委：《中国体育年鉴1986》，北京：人民体育出版社，1988年。

[12]国家体委：《中国体育年鉴1988》，北京：人民体育出版社，1991年。

[13]国家体委：《中国体育年鉴1989》，北京：人民体育出版社，1991年。

[14]国家体委：《中国体育年鉴1991》，北京：人民体育出版社，1993年。

[15]国家体育总局：《改革开放30年的中国体育》，北京：人民体育出版社，2008年。

[16]国家体育总局：《中国体育年鉴2004》，北京：中国体育年鉴社，2004年。

[17]国家体育总局体育文化发展中心:《中国体育年鉴2005》,北京:中国体育年鉴社,2006年。

[18]国家体育总局体育文化发展中心:《中国体育年鉴2007》,北京:中国体育年鉴社,2008年。

[19]国家体育总局体育文化发展中心:《中国体育年鉴2009》,北京:中国体育年鉴社,2010年。

[20]国务院新闻办公室:《中国的对外援助(2011)》,北京:人民出版社,2011年。

[21]国务院新闻办公室:《中国的对外援助(2014)》,北京:人民出版社,2014年。

[22]卢进勇、杜奇华:《国际经济合作教程》,北京:首都经济贸易大学出版社,2006年。

[23]鲁艳、陆国兴、韩秋红:《导引养生功对中老年人身心健康影响的实验研究》,中国大学生田径协会:《2012国际体育科学与学校体育学术会议论文集》,2012年。

[24]马卫东:《历史学理论与方法》,北京:北京师范大学出版社,2009年。

[25]毛泽东:《毛泽东选集》(第4卷),北京:人民出版社,1991年。

[26]钱江:《秘密征战》,成都:四川人民出版社,1999年。

[27]石林:《当代中国的对外经济合作》,北京:中国社会科学出版社,1989年。

[28]体育总局培训中心:《中国体育科学发展研究》,北京:北京体育大学出版社,2010年。

[29]王逸舟:《中国对外关系转型30年》,北京:社会科学文献出版社,2008年。

[30]王振川:《中国改革开放新时期年鉴》,北京:中国民主法制出版社,1986年。

[31]伍绍祖:《中华人民共和国体育史(1949—1998)》,北京:中国书籍出版社,1999年。

[32]北京体育大学《校史》编委会:《北京体育大学校史(1953—2003)》,北京:北京体育大学出版社,2003年。

[33]阎学通、孙学峰:《国际关系研究实用方法》,北京:人民出版社,2001年。

[34]阳琳赟:《援缅第27届东南亚运动会竞赛信息系统的建设和实施》,中国体育科学学会:《2015第十届全国体育科学大会论文摘要汇编(一)》,2015年。

[35]袁方:《社会研究方法教程》,北京:北京大学出版社,2018年。

[36]袁伟民:《中国体育年鉴2010》,北京:中国体育年鉴社,2011年。

[37]张彩珍:《中国体育年鉴1990》,北京:人民体育出版社,1992年。

［38］张彩珍：《中国体育年鉴(1983—1984)》，北京：人民体育出版社，1987年。

［39］张忠祥：《中非合作论坛研究》，北京：世界知识出版社，2012年。

［40］中共中央文献研究室：《毛泽东外交文选》，北京：中央文献出版社，1994年。

［41］中共中央文献研究室：《周恩来年谱(1949—1976)》，北京：中央文献出版社，2007年。

［42］中共中央文献研究室：《周恩来外交文选》，北京：中央文献出版社，1990年。

［43］中国对外经济贸易年鉴编辑委员会：《中国对外经济贸易年鉴1994》，北京：中国社会出版社，1994年。

［44］中国体育年鉴编辑部：《中国体育年鉴1997》，北京：中国体育年鉴社，2000年。

［45］中国体育年鉴编辑委员会：《中国体育年鉴1976》，北京：人民体育出版社，1981年。

［46］中国体育年鉴编辑委员会：《中国体育年鉴1980》，北京：人民体育出版社，1983年。

［47］中国体育年鉴编辑委员会：《中国体育年鉴(1966—1972)》，北京：人民体育出版社，1983年。

［48］中国体育年鉴编辑委员会：《中国体育年鉴1963》，北京：人民体育出版社，1965年。

［49］中国体育年鉴编辑委员会：《中国体育年鉴1964》，北京：人民体育出版社，1965年。

［50］中国体育年鉴编辑委员会：《中国体育年鉴1978》，北京：人民体育出版社，1981年。

［51］中华人民共和国对外贸易经济合作部《中国对外经济贸易白皮书》编委会：《中国对外经济贸易白皮书(1999)》，北京：经济科学出版社，1999年。

［52］周弘：《对外援助与国际关系》，北京：中国社会科学出版社，2002年。

期刊论文

［1］Aaron Beacom, "A question of motives: Reciprocity, sport and development assistance", European Sport Management Quarterly, 1(2007), pp.81-107.

［2］Anders Hasselgard, "Norwegian sports aid: Exploring the Norwegian' Sport for Development and Peace' Discourse", Forum for Development Studies, 2015.

［3］Angela Del Rosso et al., "Efficacy of rehabilitation with Tai Ji Quan on disability, quality of life, pain, psychological distress, sleep in an Italian cohort of patients with Fibromyalgia Syndrome", Annals of The Rheumatic Diseases, 6 (2015), p.415.

[4] Bongi Susanna Maddali et al. , "Efficacy of rehabilitation with Tai Ji Quan in an Italian cohort of patients with Fibromyalgia Syndrome", Complementary Therapies in Clinical Practice, 8(2016), pp.109-115.

[5] Bruce Kidd, "A new social movement: Sport for development and peace", Sport in Society, 4(2008), pp.370-380.

[6] Grant Jarvie, "Sport development and aid: Can sport make a difference", Sport in Society, 2(2011), pp.241-252.

[7] Ingrid Beutler, "Sport serving development and peace: Achieving the goals of the United Nations through sport", Sport in Society, 4(2008), pp.359-369.

[8] James Conner, "International development or white man's burden? The IAAF's Regional Development Centres and regional sporting assistance", Sport in Society, 6(2011), pp.805-817.

[9] Oscar Mwaanga, "A postcolonial approach to understanding sport-based empowerment of People Living with HIV/AIDS(PLWHA) in Zambia: The case of the cultural philosophy of Ubuntu", Journal of Disability & Religion, 2 (2014), pp.173-191.

[10] Rebecca Tiessen, "Global subjects or objects of globalisation? The promotion of global citizenship in organisations offering sport for development and/or peace programmes", Third World Quarterly, 3(2011), pp.571-587.

[11] Solveig Straume, "Norwegian naivety meets tanzanian reality: The case of the Norwegian sports development aid programme, sport for all, in Dares Salaam in the 1980s", The International Journal of the History of Sport, 11 (2012), pp.1577-1599.

[12] Wladimir Andreff, "The correlation between economic underdevelopment and sport", European Sport Management Quarterly, 4(2001), pp.251-279.

[13] 艾新强:《浅谈老子的生平和思想——国学研究系列之九》,《广西社会主义学院学报》2016年第5期。

[14] 蔡禾:《计划经济下国有企业的二重性组织特征及其转变》,《中山大学学报论丛》1996年第1期。

[15]蔡仕魁:《论改革开放"引进来"与"走出去"的辩证统一关系——学习"十二五"规划体会》,《中国市场》2011年第9期。

[16]曹薜、王志强:《试论周恩来新中国体育外交实践》,《唐都学刊》2007年第5期。

[17]曹涵:《足坛星宿史万春的足球人生》,《名人传记》(上半月)2010年第12期。

[18]曹俊金、周莹:《美国对外援助法:背景、发展与政策目标》,《国际经济合作》2015年第8期。

[19]曹俊金:《"一带一路"倡议与对外援助制度之完善》,《国际展望》2016年第3期。

[20]曹俊金:《中国对外援助管理体制改革:进程与前瞻》,《国际经济合作》2018第10期。

[21]常华:《开启金砖合作新的航程》,《科技智囊》2017年第10期。

[22]常会营:《齐鲁孔孟之道与中华优秀传统文化》,《理论学习》2016年第4期。

[23]陈秉公:《论中华传统文化"和合"理念》,《社会科学研究》2019年第1期。

[24]陈刚:《基于"一带一路"的体育公共外交研究》,《公共外交季刊》2017年第2期。

[25]陈光连:《荀子义利观及其现代转换》,《新疆社会科学》2007年第2期。

[26]陈汉成:《论市场经济背景下,中小企业面临的发展困境及对策》,《时代金融》2018年第36期。

[27]陈立成、谷源洋、魏燕慎:《具有伟大战略意义的南南合作》,《世界经济》1983年第3期。

[28]陈立旭:《和合文化的内涵与时代价值》,《浙江社会科学》2018年第2期。

[29]陈林会、刘青:《我国竞技体育传统优势项目可持续发展的文化支撑》,《北京体育大学学报》2014年第6期。

[30]陈琦:《体育举国体制的辨析与未来走向》,《体育学刊》2013年第3期。

[31]陈艳:《马克思政府管理理论对当前我国政府职能转变的启示》,《世界桥》2017年第11期。

[32]陈仲庚:《君子人格的核心内涵:"和而不同"的共存意识》,《湖南科技学院学报》2017年第9期。

[33]迟爱萍:《新中国现代化建设的起步——兼谈陈云对"一五"计划的贡献》,《党的文献》2016年第2期。

[34]储江:《论体育外交》,《体育文化导刊》2009年第4期。

［35］慈鑫：《海外兵团回家》，《晚报文萃》2008年第8期。

［36］崔崴：《李央十二剑之六》，《新体育》2003年第6期。

［37］邓涤平：《正确认识并坚持一个中国原则 努力开创两岸关系和平发展新局面》，《广西社会主义学院学报》2009年第3期。

［38］邓星华、宋宗佩：《中国体育对外传播的反思与超越》，《体育学刊》2017年第2期。

［39］邱乘光：《论习近平新时代中国特色社会主义思想》，《新疆师范大学学报（哲学社会科学版）》2018年第2期。

［40］丁明：《维护世界和平、促进共同发展是中国外交政策的宗旨》，《当代中国史研究》2011年第4期。

［41］丁韶彬、阚道远：《对外援助的社会交换论阐释》，《国际政治研究》2007年第3期。

［42］范云平：《海外兵团体育人才输出管理研究》，《体育文化导刊》2014年第2期。

［43］范周：《文化自信的战略思考》，《人文天下》2018年第1期。

［44］冯克利：《传统与权利——〈独立宣言〉再解读》，《学术月刊》2016年第2期。

［45］冯丽君：《打造全媒体平台，传播中华优秀传统文化》，《文教资料》2018年第24期。

［46］冯昭奎：《中国外交大棋局中的中日美关系——基于系统论视角的分析》，《当代世界》2016年第2期。

［47］高辉：《习近平与中国特色公共外交》，《党政论坛》2018年第9期。

［48］高静：《美洲经济一体化中的南南合作和南北合作——从理论到实践》，《拉丁美洲研究》2008年第3期。

［49］高秀清：《在中国重返联合国历程中美日等国所实施的阻挠策略浅议》，《东北亚论坛》2002年第3期。

［50］宫力：《论邓小平关于建立国际政治经济新秩序的战略构想》，《理论视野》2000年第5期。

［51］宫力：《中华人民共和国独立自主新型外交的创建》，《中共四川省委省级机关党校学报》1999年第3期。

［52］龚慧敏、何元春：《基于"民族—国家"形象建构视域下的体育强国建设》，《体育科学研究》2018年第5期。

［53］龚茂富：《论中国文化"走出去"背景下的高校来华留学生武术教育改革》，《北

京体育大学学报》2016年第10期。

[54]谷雨:《黄中同志回忆:周总理等老一辈革命家关怀新运会二、三事》,《体育文史》1986年第1期。

[55]顾大成:《中国竞技体育强国的建设与科学技术的理性应用》,《广西教育学院学报》2011年第4期。

[56]顾友仁:《新时期中华民族基本精神的三重向度》,《探索》2014年第1期。

[57]郭齐勇:《仁者爱人:孔夫子的伦理道德思想》,《人文天下》2015年第15期。

[58]郭体元:《我国援外体育场、馆建筑》,《体育文史》1983年第1期。

[59]韩静:《中国青年志愿者海外服务计划——做中外友谊的民间使者》,《小康》2015年第20期。

[60]何志鹏、孙璐:《中国与国际法治的完善:历史分析与未来评估》,《法治研究》2015年第3期。

[61]何志鹏:《大国之路的外交抉择——万隆会议与求同存异外交理念发展探究》,《史学集刊》2015年第6期。

[62]侯桂明:《我国体育援外教练研究》,《体育文化导刊》2014年第11期。

[63]胡斌:《中国企业在全球化经济中创民族体育品牌之路初探》,《中国科技信息》2006年第5期。

[64]胡联合:《新中国外交战略的历史变革》,《湖北行政学院学报》2004年第4期。

[65]胡晓飞:《第一届"濮阳杯"导引养生功国际邀请赛概况》,《北京体育学院学报》1993年第2期。

[66]黄璐、郭超、兰健:《应理性看待新世纪新阶段中国体育"海外兵团"现象》,《北京体育大学学报》2007年第10期。

[67]黄璐:《奥林匹克运动善治改革议程评析》,《体育研究与教育》2017年第6期。

[68]黄梅波、胡建梅:《中国对外援助管理体系的形成和发展》,《国际经济合作》2009年第5期。

[69]黄梅波、吕少飒:《联合国千年发展目标:实施与评价》,《国际经济合作》2013年第7期。

[70]黄梅波、唐露萍:《南南合作与中国对外援助》,《国际经济合作》2013年第5期。

[71]黄梅波、王璐、李菲瑜:《当前国际援助体系的特点及发展趋势》,《国际经济合作》2007年第4期。

[72]甲由、秦节程:《毛泽东关于实施对外援助的战略考虑》,《党史博览》2018年

第 1 期。

[73] 贾丽莎、宋晓明、齐银娟：《基于创新视角的中国制造企业升级模式与对策研究》，《经济论坛》2018 年第 11 期。

[74] 贾文华：《欧盟官方发展援助变革的实证考察》，《欧洲研究》2009 年第 1 期。

[75]《坚持以经济建设为中心 建立和完善社会主义市场经济体制》，《中国纪检监察》2018 年第 24 期。

[76] 江程：《论儒家思想对当代中国外交战略的影响》，《文学界（理论版）》2011 年第 3 期。

[77] 江峡：《遏制中国：不可能完成的使命——评米尔斯海默的"进攻性现实主义"理论及"中国威胁论"》，《湖北行政学院学报》2012 年第 3 期。

[78] 姜朝晖：《志愿服务：当代中小学生价值养成的重要路径》，《中国德育》2014 年第 14 期。

[79] 姜朝晖、孙泊：《论"和合"文化范畴意蕴下的和平发展战略》，《南京政治学院学报》2010 年第 6 期。

[80] 姜磊、王海军：《中国与西方国家对外援助比较分析——基于附加政治条件的研究》，《理论与改革》2010 年第 6 期。

[81] 姜巍：《"一带一路"沿线基础设施投资建设与中国的策略选择》，《国际贸易》2017 年第 12 期。

[82] 兰彤、刘丰德：《"养狼计划"实施策略构想》，《体育学刊》2010 年第 4 期。

[83] 雷厚礼：《试论江泽民"引进来""走出去"相结合的对外开放思想》，《理论与当代》2004 年第 6 期。

[84] 雷欣：《保持中国体育大国地位与引进外教关系的探讨》，《青海师范大学学报（哲学社会科学版）》2012 年第 4 期。

[85] 李安山：《论中国对非洲政策的调适与转变》，《西亚非洲》2006 年第 8 期。

[86] 李百浩、彭秀涛、黄立：《中国现代新兴工业城市规划的历史研究——以苏联援助的 156 项重点工程为中心》，《城市规划学刊》2006 年第 4 期。

[87] 李丹：《"一带一路"：构建人类命运共同体的实践探索》，《南开学报（哲学社会科学版）》2019 年第 1 期。

[88] 李德芳：《体育外交：公共外交的"草根战略"》，《国际论坛》2008 年第 6 期。

[89] 李德芳：《体育外交的作用及其运用——以北京奥运会为例》，《现代国际关系》2008 年第 10 期。

[90] 李东：《和平共处五项原则——构建新型国际关系的基石》，《黑龙江省社会主

义学院学报》2018年第3期。

[91]李海龙:《关于十八大报告中外交战略新思路的解析》,《攀登》2013年第1期。

[92]李金龙:《"小政府、大社会"应成为我国政府机构改革的目标模式》,《湖南行政学院学报》2001年第6期。

[93]李蕾:《从中国特色大国外交视角看中国企业参与对外援助》,《中国产经》2018年第8期。

[94]李睿莹、张希:《元治理视角下地方政府社会治理主体结构及多元主体角色定位研究》,《领导科学》2019年第4期。

[95]李舜蕙、熊锦平:《后奥运时期的中国体育外交》,《体育学刊》2012年第2期。

[96]李伟:《新中国对外经济技术援助政策的演进及评析》,《党史研究与教学》2010年第2期。

[97]李贞:《习近平谈政治生态》,《政策》2017年第6期。

[98]李振、李源:《周恩来的魅力外交》,《湘潮》2018年第11期。

[99]梁立启、栗霞、邓星华:《体育话语权的认识解读与提升策略》,《体育文化导刊》2019年第1期。

[100]林精华:《中国和平发展之艰辛与冷战遗产及其合法化》,《社会科学战线》2015第5期。

[101]凌胜利、侯聪睿:《中国重返联合国的征程》,《湘潮》2019年第9期。

[102]刘爱兰、王智烜、黄梅波:《中国对非援助是"新殖民主义"吗——来自中国和欧盟对非援助贸易效应对比的经验证据》,《国际贸易问题》2018年第3期。

[103]刘成、司虎克:《我国竞技体育优势项目与核心竞争力关系研究》,《北京体育大学学报》2010年第6期。

[104]刘方平:《国际主义在中国援外中的实践》,《山西师大学报(社会科学版)》2016年第1期。

[105]刘冠楠、陈钢:《论公共外交视阈下中国体育外交的任务》,《北京体育大学学报》2012年第11期。

[106]刘海飞:《习近平体育思想的主要内涵》,《社会发展研究》2017年第3期。

[107]刘华、孙奕、潘洁:《为了人类更加美好的未来——党的十九大以来以习近平同志为核心的党中央运筹中国特色大国外交述评》,《中国产经》2018年第7期。

[108]刘明福、王忠远:《习近平民族复兴大战略——学习习近平系列讲话的体会》,

《决策与信息》2014年第8期。

[109]刘盼盼:《新发展理念下体育强国建设方略探讨》,《体育学刊》2019年第1期。

[110]刘青海:《一带一路视角下的中非基础设施合作》,《人民交通》2018年第9期。

[111]刘琼:《乒乓球海外兵团发展现状及趋势研究》,《湖北体育科技》2017年第4期。

[112]刘莎莎、江华:《青少年体育运动与体质健康的关联性研究》,《青少年体育》2018年第3期。

[113]刘涛:《促进中国对外援助发展的法治化建议》,《广西政法管理干部学院学报》2016年第1期。

[114]刘西真、王娜:《读钱穆的〈中国历史研究法〉》,《大众文艺》2012年第16期。

[115]刘新生:《国际关系史上的不朽丰碑——纪念万隆会议召开60周年》,《国际问题研究》2015年第3期。

[116]刘新生:《平等相待 真诚友好——中国与东帝汶建立外交关系10周年回顾与展望》,《东南亚纵横》2012年第5期。

[117]刘贞晔、李晓乐:《中国对外援助的历史进程与国家利益分析》,《中国战略报告》2017年第1期。

[118]卢春雷、杜凤双:《新中国和平发展道路的"情境逻辑"分析》,《江苏省社会主义学院学报》2017年第1期。

[119]陆宏谋:《阿瑟·范登堡与马歇尔计划的形成》,《近现代国际关系史研究》2018年第2期。

[120]麂宁宁:《我国面向发展中国家的技术培训》,《中国科教创新导刊》2011年第7期。

[121]路翰娜:《大脑活动图谱:纵贯微观与宏观的动态脑侧写》,《临床精神医学杂志》2014年第5期。

[122]路云亭:《论国家体委现象》,《体育与科学》2008年第3期。

[123]罗时铭:《改革开放以来中国体育的对外交往》,《武汉体育学院学报》2008年第1期。

[124]罗时铭:《新中国体育对外交往60年论略》,《南京体育学院学报(社会科学版)》2009年第6期。

[125]罗时平:《毛泽东"中间地带"理论的提出与发展》,《党史研究与教学》2000年第2期。

[126]罗振建、张成明:《论合作共赢是统一战线的本质》,《理论月刊》2017年

第 2 期。

[127]吕博:《改革援外医疗队工作 促进互利合作深入开展》,《国际经济合作》1997
年第 12 期。

[128]吕江:《全球能源变革对丝绸之路经济带能源合作的挑战与应对》,《当代世界
与社会主义》2018 年第 1 期。

[129]马兰兰、李振纲:《仁学理想视阈下先秦儒家义与利的价值张力》,《广西社会
科学》2017 年第 8 期。

[130]马鸣锴、黄子珍:《推动"一带一路"发展的"正确义利观"探究》,《中国市场》
2018 年第 5 期。

[131]马秀杰、姜传银、Paul Bowman:《李小龙的文化遗产——第四届国际武术论
坛(英国卡迪夫大学)学术综述》,《体育与科学》2018 年第 5 期。

[132]玛蒂尔德·沙坦、朱里奥·格拉瑞蒂:《国际政治中的新兴力量:金砖五国及其
软实力》,《对外传播》2017 年第 10 期。

[133]毛小菁:《国际援助格局演变趋势与中国对外援助的定位》,《国际经济合作》
2010 年第 9 期。

[134]门洪华:《构建新型国际关系:中国的责任与担当》,《世界经济与政治》2016
年第 3 期。

[135]门洪华:《中国和平发展与国际秩序变革:国家实力、国际目标与战略设计
(1985—2015 年)》,《中国战略报告》2016 年第 2 期。

[136]苗治文、曹常程:《我国竞技体育非优势项目管理方式的新变化》,《北京体育
大学学报》2018 年第 7 期。

[137]牛军:《研究冷战时期中美关系的新领域——评〈赢得第三世界:冷战时期的
中美竞争〉》,《美国研究》2018 年第 1 期。

[138]潘亚玲:《中国特色对外援助理论建构初探》,《当代亚太》2013 年第 5 期。

[139]潘阳、陆志勇、王勇:《援塞内加尔体育场 40m 高灯塔吊装专项施工技术》,《安
徽建筑》2014 年第 6 期。

[140]裴东光、田有惠:《中国奥委会、中国台北奥委会与国际奥委会关系问题的研
究(1949—1979)》,《首都体育学院学报》2005 年第 2 期。

[141]戚正本:《运动解剖学神经系统重要知识点与体育实践的联系》,《体育成人教
育学刊》2009 年第 2 期。

[142]钱旭升:《中国对非教育援助政策的话语变迁及建构》,《非洲研究》2016 年

第2期。

[143]曲天敏：《对中体产业的经营现状及发展前景的分析》,《北京体育大学学报》
2006年第9期。

[144]冉学东、王岗：《对中国武术文化"走出去"战略的重新思考》,《体育科学》2012
年第1期。

[145]《人民日报新时代品牌强国计划正式启动》,《中国经济周刊》2017年第50期。

[146]任洁：《中国和平发展面临的主导性国际舆论环境——从"中国威胁论"到"中
国责任论"》,《中国矿业大学学报(社会科学版)》2015年第1期。

[147]阮宗泽：《构建人类命运共同体 助力中国战略机遇期》,《国际问题研究》2018
年第1期。

[148]沈传宝：《马克思主义中国化在"文化大革命"中的曲折命运和经验教训》,《中
共党史研究》2008年第2期。

[149]盛英超：《从第16届广州亚运会武术比赛看中国武术的推广和发展》,《中华
武术》2011年第1期。

[150]史艺军、关朋：《中华传统"和合"思想与习近平的世界文明观》,《广东行政学
院学报》2017年第6期。

[151]宋晓芹：《试论中国在东亚朝贡体系中的地位和作用》,《大连大学学报》2017
年第4期。

[152]宋雪莹：《国际体育交流对开拓新中国外交局面的历史作用与未来展望》,《首
都体育学院学报》2002年第2期。

[153]孙葆丽、杨文学、肖龙：《奥运模式的产生》,《体育文史》2000年第5期。

[154]孙洪波：《中国对拉美援助：目标选择与政策转型》,《外交评论(外交学院学
报)》2010年第5期。

[155]孙劲松：《共产主义思想由来及其流传》,《中共中央党校学报》2017年第4期。

[156]孙凯文：《少林武术的概念研究初探》,《科技展望》2015年第20期。

[157]孙同全：《中国对外援助研究的现状及流派评析》,《国际经济合作》2014年第
10期。

[158]孙伟：《"一带一路"建设中我国的对外援助与开发合作》,《宏观经济管理》
2017年第6期。

[159]汤筠冰：《被观看的中国国家形象——北京奥运会的视觉文化传播研究》,《体
育与科学》2010年第2期。

[160]唐卫红：《生亦我所欲也 义亦我所欲也——兼论生命教育与道德教育》,《牡

丹江教育学院学报》2008年第1期。

[161]唐勇林、田国磊:《从"视为叛徒"到宽容理解——国人对"海外兵团"态度日趋
理性》,《新一代》2008年第9期。

[162]陶恩海、程传银:《"一带一路"背景下中国与非洲节点国家体育合作研究》,
《辽宁体育科技》2018年第5期。

[163]陶季邑:《美国关于中国20世纪80年代独立自主对外政策的研究》,《武汉科
技大学学报(社会科学版)》2013年第3期。

[164]田杰英:《先秦儒家重义轻利思想评析》,《哈尔滨市委党校学报》2012年
第4期。

[165]汪流:《草根体育组织与政府关系向度研究》,《西安体育学院学报》2014年
第1期。

[166]汪流:《基于个案的社区体育组织运行机制研究》,《首都体育学院学报》2019
年第1期。

[167]王健:《只有民族的才是世界的》,《中华武术》2000年第11期。

[168]王军等:《第1届新兴力量运动会50年忆》,《体育文化导刊》2014年第8期。

[169]王俊生:《直面美国新一轮"中国威胁论"》,《世界知识》2018年第16期。

[170]王敏玉:《中国对外经济技术援助八项原则的提出》,《百年潮》2012年第1期。

[171]王庆五:《社会主义国家发展阶段与现阶段国家制度初探》,《江汉论坛》1988
年第5期。

[172]王邵励:《古希腊奥运会"神圣休战公约"的原则与实践——以莱普瑞昂事件
为例》,《体育与科学》2017年第3期。

[173]王新谦:《非政府组织在马歇尔计划形成过程中的作用》,《史学月刊》2013年
第8期。

[174]王秀萍:《台湾与拉美国家"外交"关系的现状与前景探析》,《重庆社会主义学
院学报》2014年第5期。

[175]王英文:《从世界现状看中国发展模式的正确性》,《学理论》2013年第13期。

[176]韦宗友:《殖民体系、后殖民体系与大国崛起》,《国际展望》2013年第6期。

[177]魏海涛:《社会学中的机制解释——兼评〈儒法国家:中国历史的新理论〉》,
《社会学评论》2017年第6期。

[178]吴建民:《重返联合国:40年前的历史细节》,《新湘评论》2011年第24期。

[179]吴伟杰:《中国对东盟国家的援助研究》,《东南亚研究》2010年第1期。

[180]吴晓、吴明伟:《美国快速城市化背景下的贫民窟整治初探》,《城市规划》2008

年第2期。

[181]吴鑫:《中国赴马里维和部队:枪林弹雨中托起大国担当》,《国际援助》2016年第3期。

[182]武力:《"请进来"与"走出去"——关于中国价值理念国际传播应注意问题的思考》,《北京联合大学学报(人文社会科学版)》2013年第4期。

[183]武晓敏、赵犇:《体育海外兵团研究》,《体育文化导刊》2010年第5期。

[184]习伟:《抗美援朝战争的历史意义和当代价值——纪念抗美援朝战争胜利六十周年》,《前线》2013年第8期。

[185]夏农:《台湾"邦交"怪闻录》,《侨园》2005年第1期。

[186]向祖兵、李骁天、汪流:《社区—社会体育组织—社会体育指导员联动运行机制研究》,《北京体育大学学报》2017年第9期。

[187]肖鹏:《毛泽东的对外援助思想及其实践》,《上海党史与党建》2016年第11期。

[188]肖宗志:《试论周恩来对外经济技术援助的思想与实践》,《浙江海洋学院学报(人文科学版)》2002年第3期。

[189]谢韬:《我国软实力和公共外交研究的现状与挑战》,《对外传播》2016年第6期。

[190]熊青龙、黄梅波:《对外援助能促进国际贸易吗》,《国际经贸探索》2014年第10期。

[191]徐亨元:《中国援建非洲体育场馆项目调研报告》,《非洲研究》2017年第1期。

[192]徐进:《新时期习近平创新公共外交实践简析》,《哈尔滨学院学报》2015年第3期。

[193]徐君伟等:《论中美乒乓外交发生的历史逻辑及现实启示》,《南京体育学院学报(社会科学版)》2015年第5期。

[194]徐珊:《和平、发展、合作、共赢的中国梦——十八大以来中国特色社会主义和平发展道路的新进展》,《党的文献》2016年第1期。

[195]徐秀军:《中国发展南太平洋地区关系的外交战略》,《太平洋学报》2014年第11期。

[196]徐亚清:《论新时代中国特色社会主义国家治理的话语建构》,《云南社会科学》2018年第2期。

[197]许可:《实现"两个一百年"目标与中国特色社会主义制度创新的关系略论》,《党史博采(理论)》2015年第9期。

[198]许志功:《毛泽东领导思想的特点分析》,《中国领导科学》2014年第3期。

[199]薛琳:《周恩来对外援助思想研究——以新中国对亚非国家援助为中心的考察》,《党史研究与教学》2013年第3期。

[200]阎光亮:《和平发展是中华民族伟大复兴的必然选择》,《科学社会主义》2007年第5期。

[201]阎学通:《外交转型、利益排序与大国崛起》,《战略决策研究》2017年第3期。

[202]杨冬峰、刘绍龙、杨冬威:《浅谈中国体育对外援助》,《体育世界(学术版)》2010年第6期。

[203]杨福音:《发展中国家地位不低》,《时事报告》2004年第2期。

[204]杨海旗、钟佳:《推进"一带一路"建设 共享经济全球化发展》,《国际人才交流》2019年第1期。

[205]杨桦:《体育改革:成就、问题与突破》,《体育科学》2019年第1期。

[206]杨桦、孙淑惠、舒为平:《坚持和进一步完善我国竞技体育举国体制的研究》,《北京体育大学学报》2004年第5期。

[207]杨洁勉:《中国特色大国外交理论的构建方向》,《现代国际关系》2017年第3期。

[208]杨绍琼:《周恩来人民外交思想及其当代价值》,《武汉理工大学学报(社会科学版)》2014年第1期。

[209]姚儒兴、程传银:《中国与南亚国家体育合作与交流研究》,《体育文化导刊》2018年第3期。

[210]叶匡政:《1993年流行词:出国热》,《观察与思考》2009年第1期。

[211]叶楠:《南南合作基金的构建与运行模式的思考》,《亚太经济》2015年第6期。

[212]叶志坚:《坚定文化自信 推动社会主义文化繁荣兴盛》,《中共福建省委党校学报》2017年第11期。

[213]尤传豹:《国际政治视域下新兴力量运动会的成因及影响》,《南京体育学院学报(自然科学版)》2017年第6期。

[214]于洪君:《从和平共处到合作共赢——中国成长为世界大国的历史性选择》,《公共外交季刊》2015第4期。

[215]于苗绿:《国家国际发展合作署:"一盘棋"思维优化援外战略布局》,《紫光阁》2018年第4期。

[216]于思远、刘桂海:《新时代中国特色体育外交理论体系的探索》,《武汉体育学院学报》2018年第1期。

[217]于跃、王庆华:《从智能政府到智慧政府:价值与追求》,《社会科学文摘》2019年第4期。

[218]余思新、蔡育楠:《人类命运共同体意识与新时代中国特色社会主义国际话语体系的构建》,《党政研究》2018年第2期。

[219]余霞:《习近平治国理政思想的传统文化意蕴浅析》,《才智》2017年第28期。

[220]俞大伟、黄亚玲:《中华全国体育总会职能弱化的历史探析》,《西安体育学院学报》2015年第3期。

[221]俞大伟、李勇勤:《无偿与合作:我国体育对外援助方式研究》,《武汉体育学院学报》2016年第6期。

[222]俞大伟、袁雷、郑元男:《中国体育对外援助运行体系研究》,《北京体育大学学报》2017年第1期。

[223]俞大伟、袁雷:《改革开放前的中国体育对外援助》,《沈阳体育学院学报》2014年第1期。

[224]俞大伟、张晓义、罗琳:《挑战与机遇:18年一个节点的中国体育外交"三部曲"》,《南京体育学院学报(社会科学版)》2016年第2期。

[225]俞大伟:《20世纪70年代中国体育外交的历史回顾》,《体育文化导刊》2014年第5期。

[226]俞大伟:《从无偿到合作:中国体育对外援助主导方式转变探究》,《天津体育学院学报》2016年第2期。

[227]俞大伟:《我国体育对外援助的历史回顾》,《北京体育大学学报》2010年第8期。

[228]俞大伟:《中国开启体育对外援助的动因及启示》,《上海体育学院学报》2019第2期。

[229]俞大伟:《中国体育对外援助发展研究》,《体育文化导刊》2017年第6期。

[230]俞大伟:《中国体育对外援助主体的发展策略研究》,《体育文化导刊》2016年第12期。

[231]俞大伟:《中国体育援外教练工作研究》,《体育文化导刊》2012年第5期。

[232]袁雷、郭煜硕、俞大伟:《改革开放以来的中国体育对外援助研究》,《沈阳体育学院学报》2016年第4期。

[233]袁守龙:《从"举国体制"到政府、市场和社会协同——对中国竞技体育发展的思考》,《体育科学》2018年第7期。

[234]袁新、李广民:《"一带一路"框架下上海合作组织经济合作探析》,《探求》2018年第6期。

[235]袁银传、乔翔:《论马克思关于无产阶级解放阶段的思想》,《武汉大学学报(人文科学版)》2009年第2期。

[236]曾平:《创造奇迹的中国教练》,《今日中国(中文版)》2012年第6期。

[237]曾天雄、曾鹰、曾丹东:《合作共赢是新型国际关系价值取向的中国表达》,《新湘评论》2018年第22期。

[238]詹圣泽:《金砖峰会与厦门"国际范"城市环境提升》,《科学管理研究》2017年第4期。

[239]张春:《构建新型全球发展伙伴关系——中非合作对国际发展合作的贡献》,《国际展望》2013年第3期。

[240]张丛:《科威特体操之父——记中国体操教练苏师尧》,《体育博览》1985年第6期。

[241]张德胜、张钢花、李峰:《体育外交在我国强国建设中的作用及实践路径》,《上海体育学院学报》2018第1期。

[242]张辉:《习近平新时代中国特色大国外交思想探析》,《广西教育学院学报》2018年第6期。

[243]张锦文:《论推动中华文化更好地走出去》,《知与行》2017年第9期。

[244]张俊:《儒家伦理的二维结构体系——从"君子喻于义,小人喻于利"谈起》,《文史哲》2017年第4期。

[245]张昆鹏:《特朗普"美国优先"政策的深层动因及对华影响》,《和平与发展》2017年第6期。

[246]张宁秋:《中哥建交 援建献礼——访援哥斯达黎加国家体育场项目负责人》,《华中建筑》2008年第8期。

[247]张守民:《始终坚持"一个中心、两个基本点"的基本路线》,《高校理论战线》2008年第1期。

[248]张雯:《建国后:41年间与130多个国家建立外交关系》,《党建》1990年第10期。

[249]张晓明、曹延中、洛岩:《新一轮"中国威胁论"透析》,《国防》2018年第12期。

[250]张晓义:《中日关系史上的"乒乓外交"》,《体育成人教育学刊》2015年第5期。

[251]张严冰、黄莺:《中国和西方在对外援助理念上的差异性辨析》,《现代国际关系》2012年第2期。

[252]张颖:《中国在南太平洋地区的战略选择:视角、动因与路径》,《当代世界与社会主义》2016年第6期。

[253]张永路:《论儒家的利他价值观——从"立人达人"说起》,《社科纵横》2016年第7期。

[254]张幼文:《合作共赢:新时期政经外总体战略》,《探索与争鸣》2015年第5期。

[255]张智:《无产阶级国际主义意识的历史演变及对中共外交政策的影响》,《湖南科技大学学报(社会科学版)》2014年第6期。

[256]张中文:《新时代中华民族精神的文化生成基础》,《河北省社会主义学院学报》2019年第1期。

[257]张卓元:《中国经济四十年市场化改革的回顾》,《经济与管理研究》2018年第3期。

[258]赵海波:《我国团体操援外工作研究》,《体育文化导刊》2015年第4期。

[259]赵华、计秋枫:《美国学界对中国崛起的认知及争论——基于〈外交〉杂志(1993—2017年)文本和数据分析》,《美国问题研究》2018年第1期。

[260]赵建文:《和平共处五项原则与〈联合国宪章〉的关系》,《当代法学》2014年第6期。

[261]赵磊:《理解中国软实力的三个维度:文化外交、多边外交、对外援助政策》,《社会科学论坛》2007年第5期。

[262]赵学功:《试论中美在印度支那对抗的缘起》,《世界现代史研究》2014年第10期。

[263]郑文范、温飞:《准确理解和把握科学技术是第一生产力》,《中国高校社会科学》2015年第2期。

[264]钟开斌:《中国对外人道主义援助的发展历程》,《中国减灾》2015年第17期。

[265]周登嵩:《新时期教师如何提升科研能力系列讲座(六):访谈调查法的运用要点》,《中国学校体育》2008年第6期。

[266]周桂银:《冷战时期中国周边安全环境的特征与启示》,《当代中国史研究》2002年第6期。

[267]朱海楠、王李楠:《论武术在科学健身中的发展》,《体育风尚》2018年第9期。

[268]朱虹:《中国崛起的辉煌盛典——纪念北京奥运会开幕式十周年》,《党史文苑》2018年第8期。

[269]朱蓉蓉:《中国共产党对外援助策略的历史演进》,《毛泽东邓小平理论研究》2011年第9期。

[270] 朱西周:《略论胡锦涛的"和谐世界"思想》,《攀登》2006年第1期。

[271] 朱新开:《不该被忘记的"援外教练"》,《体育博览》2000年第12期。

[272] 朱艳圣:《日本政府开发援助背后的战略分析》,《当代世界与社会主义》2015年第5期。

[273] 祝莉、唐沛:《中国体育外交六十年:回顾与展望》,《体育文化导刊》2009年第12期。

[274] 邹祥勇:《论新时代"两步走"战略与"两个百年"目标的实现》,《阜阳职业技术学院学报》2018年第3期。

[275] 邹振环:《郑和下西洋与明朝的"麒麟外交"》,《华东师范大学学报(哲学社会科学版)》2018年第2期。

[276] 左凤荣:《苏联与美国的经济冷战及教训》,《紫光阁》2018年第9期。

报纸文献

[1] 白桦:《南南合作的未来:从授人以鱼到授人以渔》,《21世纪经济报道》2013年4月22日。

[2] 迟建新:《以开发性金融引领对非投资》,《人民日报(海外版)》2015年12月3日。

[3] 杜尚泽:《习近平会见国际奥委会主席巴赫》,《人民日报》2017年1月19日。

[4] 冯并:《丝绸之路与四大发明》,《人民政协报》2017年5月15日。

[5] 奉清清:《中华民族将会成为世界和平一个最稳健的推动力量》,《湖南日报》2017年7月4日。

[6] 高鹏:《构建以合作共赢为核心的新型国际关系》,《中国社会科学报》2018年4月12日。

[7] 国防大学政治学院:《改革开放40年演进逻辑的双重意蕴》,《中国社会科学报》2019年2月1日。

[8] 黄真:《不谋全局者不足以谋一域》,《中国信息报》2013年2月5日。

[9] 黄振威:《深化党和国家机构改革是一场深刻的变革》,《解放军报》2018年3月30日。

[10] 纪娟丽:《国之交在于民之亲》,《人民政协报》2010年3月26日。

[11] 姜霞:《"一带一路"战略下武术国际化推广传播研究》,《中国体育报》2017年7月31日。

[12]焦瑞进:《政府信息联网开启智能国家治理新篇章》,《第一财经日报》2019年7月4日。

[13]郎成:《"海外兵团"的新活法》,《工人日报》2015年5月4日。

[14]李红光:《正视"海外兵团"》,《经济日报》2014年3月16日。

[15]李奇:《建设人民满意的服务型政府》,《中国社会科学报》2018年8月16日。

[16]《立大国风范 树中华形象》,《中国体育报》2009年8月18日。

[17]刘宝莱:《中阿合作论坛正在新的历史起点上》,《北京日报》2018年7月6日。

[18]刘鹏:《援外教练五十载 五洲遍开友谊花》,《人民日报(海外版)》2007年9月26日。

[19]卢洪洲:《为建设美丽"地球村"贡献力量》,《中国纪检监察报》2017年11月28日。

[20]罗京生、张秀萍:《中国重返奥运大解密》,《作家文摘报》2012年7月31日。

[21]孟凡兴:《从经济体制改革视角论改革开放40年政府机构改革》,《中国改革报》2018年12月19日。

[22]《深厚的友谊 丰硕的成果》,《人民日报》2006年11月1日。

[23]王灿:《为新时代体育事业改革发展提供有力的组织人才保障》,《中国体育报》2017年11月23日。

[24]王东:《中非合作论坛:引领中非经贸合作蓬勃发展的动力源》,《国际商报》2019年2月11日。

[25]王晓真:《国际形势变化重塑公共外交》,《中国社会科学报》2019年1月30日。

[26]王笑笑:《从"海外兵团"到海外使团》,《北京日报》2015年4月30日。

[27]王毅:《坚定不移走和平发展道路 推动构建人类命运共同体》,《人民日报》2018年3月14日。

[28]《一封家书 一份期待 一种牵挂(寄给祖国的家书)》,《人民日报》2019年2月19日。

[29]曾紫风:《相知无远近 万里尚为邻》,《中国出版传媒商报》2018年4月20日。

[30]张金书:《在突尼斯架起一座美丽的"友谊桥"》,《贵州民族报》2010年4月19日。

[31]张世英:《中国传统文化中的"仁爱"》,《中国文化报》2014年3月25日。

[32]中共北京市委党史研究室:《冷战铁幕》,《中国档案报》2013年12月23日。

[33]中共中央:《深化党和国家机构改革方案》,《人民日报》2018年3月22日。

［34］中共中央文献研究室：《全面依法治国，开启中国法治新时代》，《人民日报》2015年5月5日。

硕博士学位论文

［1］陈小丽：《受援国的对外援助——以21世纪初中国的双重援助地位为例》，上海：上海外国语大学，硕士学位论文，2011年。

［2］姬秋忆：《后奥运时代我国体育外交探析》，北京：北京外国语大学，硕士学位论文，2014年。

［3］家三爱：《自由主义世界中的体育对外援助研究》，长春：吉林大学，硕士学位论文，2015年。

［4］孔妃妃：《浅析中国对于南太平洋岛国的对外援助》，北京：外交学院，硕士学位论文，2010年。

［5］李大伟：《经济合作与发展组织的对外援助研究》，北京：外交学院，硕士学位论文，2011年。

［6］李翔：《改革开放以来中国体育对外关系变革与发展研究》，苏州：苏州大学，博士学位论文，2013年。

［7］林旷达：《前景理论视角下对外援助》，北京：外交学院，博士学位论文，2018年。

［8］林香菜：《我国乒乓球教练员援外的研究》，北京：北京体育大学，硕士学位论文，2006年。

［9］刘京：《我国体育对外援助教练工作的现状与对策研究》，北京：北京体育大学，硕士学位论文，2006年。

［10］宋多：《转型时期体育国有企业的产权问题研究——以中体产业为例》，北京：北京体育大学，硕士学位论文，2015年。

［11］唐沛：《新中国体育外交的回顾与展望》，北京：北京体育大学，硕士学位论文，2008年。

［12］王昊：《论新中国的体育外交》，北京：外交学院，硕士学位论文，2006年6月。

［13］王莉：《我国体育企业资本扩张模式研究》，武汉：武汉理工大学，博士学位论文，2012年。

［14］王晓舟：《1977—1994年中国体育对外关系变革与发展研究》，苏州：苏州大学，硕士学位论文，2013年。

［15］吴天：《中国对外援助政策分析》，北京：外交学院，硕士学位论文，2004年。

[16]夏天:《北京体育大学在中国体育外交史上的地位与作用研究》,北京:北京体育大学,博士学位论文,2015年。

[17]杨飚:《中国对外援助中的对口支援模式》,上海:上海外国语大学,硕士学位论文,2012年。

[18]于成瑶:《毛泽东时代中国的世界革命观念》,北京:中国人民大学,硕士学位论文,2010年。

[19]于涌泉:《中国对外援助状况研究(1949—2010)》,长春:吉林大学,硕士学位论文,2016年。

[20]俞大伟:《我国体育对外援助的历史回顾》,长春:吉林大学,硕士学位论文,2011年。

[21]张鲁平:《改革开放以来我国对外援助理论与实践研究》,兰州:兰州大学,硕士学位论文,2011年。

[22]张郁慧:《中国对外援助研究》,北京:中共中央党校,博士学位论文,2006年。

[23]张振龙:《我国体育社团基本法律制度研究》,北京:北京体育大学,博士学位论文,2012年。

[24]郑杰:《孔子学院武术课程设置研究》,太原:中北大学,硕士学位论文,2011年。

附录1:访谈提纲

尊敬的专家:

您好!

体育对外援助是国家外交工作的重要内容,也是体育强国建设的重要领域。基于您的研究背景、工作性质或者生活经历,您会接触体育对外援助的相关知识,我们(国家社科基金一般项目"合作共赢视域下中国体育对外援助运行机制研究"课题组)希望对您进行深入的访谈调查,并希望得到您的指导。客观真实的回答,将有助于我们准确把握各方面知识,为政府决策提供参考及依据。

衷心感谢您的不吝赐教!

访谈说明:

1.请结合您的切身感受,对下列问题在第一时间作答,以客观呈现访谈结果。

2.访谈人员会向您解释有关条目,并记录谈话内容,不会涉及敏感性问题。

3.总时间控制在30分钟以内。

访谈提纲:

1.您认为"援助"与"合作"这两个词是否可以结合起来使用?为什么?

2.您是否同意依据资源的流动方向,将体育对外援助方式区分为无偿赠予与有偿优惠两种?

3.请您谈一谈合作共赢作为新型国际关系的核心,将如何深入中国体育对外援助运行机制,从而达成理论与实践的有机结合。

4.基于系统论视角,将中国体育对外援助运行机制划分为宏观调控、中观执行、微观实践三个层面,您是否同意这种分析方法?如同意,请列出不同层级应包含的内容,以及需要注意的环节。

    5.请您谈一谈在支持受援方的同时,如何有效推动援助方的发展与进步?

    6.您如何看待体育对外援助创造外汇收入的特殊功能?

    7.请您对中国体育对外援助运行机制的优化提些建议。

附录2：调查问卷

尊敬的朋友：

您好！

基于您的研究背景、工作性质或者生活经历，您会接触体育对外援助的相关知识，我们（国家社科基金一般项目"合作共赢视域下中国体育对外援助运行机制研究"课题组）设计了这份问卷，希望您能够协助填写。答案可单选，也可多选，问题选项无正误之分，重在真实客观地反映您的评价与需求，这将有助于我们准确把握相关问题，为政府决策提供参考。

非常感谢！

一、基本情况

姓名：_____　　　性别：男　女　年龄：_____　　国籍：_____

身份：外交人员　政府官员　科研专家　普通民众

二、回答问题

1. 你认为中国体育对外援助运行至今，是否对世界做出了无可替代的特殊贡献？

A.是

B.否

2. 你所了解的中国体育对外援助，与西方媒体宣传的负面新闻报道是否一致？

A.一致

B.不一致

3. 你认为中国在运行体育对外援助时，应达成以下哪种理想目标？

A.受援方单赢

B.援助方单赢

C.援助方与受援方共赢

4. 你认为中国在运行体育对外援助时,应如何考虑援助方与受援方的利益关系?

A.完全考虑受援方

B.完全考虑援助方

C.援助方与受援方要兼顾

5. 你认为"援助"与"合作"这两个词,是否可以结合起来使用?

A.可以

B.不可以

6. 体育对外援助方式有无偿赠予和有偿优惠两种,你如何看待有偿优惠的援外方式?

A.正常现象

B.不正常现象

7. 你认为中国运行体育对外援助是否具有浓厚的意识形态色彩?

A.是的

B.不是的

C.没感觉到

8. 你认为中国体育对外援助与文化侵略是否有关联?

A.无关联

B.有关联

9. 你认为应该采取以下哪种方式运行中国体育对外援助?

A.完全无偿方式主导

B.完全有偿方式主导

C.无偿主导,有偿辅助

D.有偿主导,无偿辅助

10. 你认为中国在运行体育对外援助时,是否可以主动与受援国取得联系,进行优势互补的多元体育合作?

A.不可以

B.完全可以

11. 你认为中国运行体育对外援助会受到哪些内外部因素的影响？请列出在你心中排在前5位的因素。

序号	影响因素	排前5位的因素
1	国家经济实力	
2	民族传统文化	
3	国家政策文件	
4	政治生态环境	
5	国家领导意愿	
6	世界新闻舆论	
7	国家经济制度	
8	外交战略调整	
9	国际市场趋势	
10	国内民众心理	

12. 在开展人力资源培训等技术援助时,受援国人民可前往中国或在本国接受援助,你认为哪种形式会取得较为理想的成效？

A.前往中国接受培训

B.在本国接受培训

C.都一样

13. 在未来的体育对外援助运行中,你认为政府应该侧重发挥以下哪方面作用？

A.主导作用

B.引导作用

14. 在未来的体育对外援助运行中,你认为应该大力发展哪种交流渠道？

A.双边渠道

B.多边渠道

C.非政府渠道

15. 在未来的体育对外援助运行中,你认为硬件类型与软件类型的体育资源,应该侧重加大哪方面的开发和投入？

A.硬件类体育资源为主导,软件类体育资源为辅助

B.软件类体育资源为主导,硬件类体育资源为辅助

C.二者均衡发展

16. 针对受援国家及地区,你认为以下哪种策略能够凸显出体育对外援助运行机制的灵活性?

A.完全面向发展中国家

B.完全面向发达国家

C.发展中国家为主,发达国家为辅

D.发达国家为主,发展中国家为辅

17. 在未来的体育对外援助运行中,针对发展中国家,你认为应该大力发展哪个领域?

A.竞技体育

B.民生体育工程

C.竞技体育与民生体育工程兼顾

18. 在未来的体育对外援助运行中,为了让受援国民众享受更多的体育锻炼机会,你认为应该重点援建大型体育场馆设施还是小型体育健身场所?

A.大型体育场馆设施

B.小型体育健身场所

C.大型体育场馆设施与小型体育健身场所兼顾